천사는 오후 3시에 커피를 마신다

# 천사는 오후 3시에 커피를 마신다

김겸섭 지음

**토기장이**

잡초가

꽃에게 말했다.

"얘,
너도
가꾸지 않으니
잡초구나"

추천의 글

## 삶에 대한 깊이 있는 이해와
## 인문학적 통찰이 만나다

미국 지성사의 거봉 모티머 애들러는 책마다 읽는 방법이 달라야 한다고 말했다. 나는 이 말에 전적으로 공감한다. 뿐만 아니라 책의 내용과 성격에 따라 그 책을 읽는 시간도 달라야 한다고 생각한다.

「천사는 오후 3시에 커피를 마신다」는 우리가 이전에 만나 보지 못했던 보석 같은 책이다. 그러기에 읽는 법도 스스로 익혀야 하고, 읽는 시간도 스스로 결정해야 한다.

저자에게 오후 3시는 생(生)이 갈등하는 시각이다. 맑고, 깊은 눈빛을 고즈넉이 담고 이 시각에 커피를 마시는 저자를 떠올려 본다, 그리고 이 책을 읽고 있는 독자도 상상해 본다.

「천사는 오후 3시에 커피를 마신다」는 어떤 종류의 책인가? 이 책은 마치 운문과 산문이 만나는 지점에 서 있는 듯하다. 시처럼 행을 나누고 있는데 그것은 독자로 하여금 '느리게 읽기'를 청하는 외적 형식처럼 보인다. 그렇다. 이 책은 속도를 요구하지 않고, 잠시 멈추어

숨을 고르고, 삶의 속도가 아니라 방향을 점검하라고 속삭인다. 그 속삭임은 때로 엄중한 명령보다 울림이 크다.

이 책을 펼치는 순간, 목차만 보아도 독자는 알게 되리라. 오랜 세월과 사색의 내공이 행간에 녹아들어 있다는 사실을. 삶에 대한 깊이 있는 이해와 인문학적 통찰이 곳곳에서 빛나고 있음을. 그리고 저자가 꿈꾸는 아름다운 세상을 엿볼 수 있으리라. 그 세상은 저자의 표현대로 꽃과 잡초가 섞여 사는 터이다. 일등만이 박수 받는 세상이 아니라, 낮은 곳에서 자기 몫의 작은 영토를 가꾸는 이들에게도 따듯한 응원을 보내는 세상이다.

나는 마음의 뜨락 들풀 하나, 노란별이 되도록 기다리는 저자를 응원한다. 이 책이 꽃과 잡초, 그들 모두가 기다리는 그 '봄'을 가져오는 조용한 힘이 되기를 기대하며 기쁨으로 추천한다.

**송광택** · 한국교회독서문화연구회 대표, 「예수께 인문을 묻다」 저자

프롤로그

## 천사는 오후 3시에 커피를 마신다

오후 3시,
생(生)이 갈등하는 시각(時刻)이다.
무엇을 새로 '시작'하기에는 너무 늦고,
무엇을 '포기'하기에는 너무 이른 시간이기 때문이다.

오후 3시의 여성,
힘을 잃어 가는 아침의 화장,
다시 고쳐야 할지,
방치(放置)해야 할지를 선택해야 하는 시간.

오후 3시의 남성,
생동(生動)이 이완(弛緩)되어 탄력(彈力)을 잃어 가는 넥타이,
그 풀어진 것을 단단히 매듭 묶어 올려야 할지,
무시한 채 방기(放棄)해야 할지를 결정해야 하는 시간.

모두를 찾아가는 오후 3시,
어떤 이에게는 머그컵에 진한 커피를 내려 마시며
하루를 정교하게 '퇴고'(推敲)하는 시간이다.
아, 영탄(詠嘆)이다.

어떤 이에게는 '내일 하면 되지' 하며
하루를 '옷깃 실타래'처럼 가볍게 체념하는 시간이다.
아, 비창(悲愴)이다.

지금의 세상,
둔각(鈍角)은 없고 예각(銳角)이 윤무(輪舞)한다.
그래서인가?
모두들 주먹을 쥐고 서로를 날카롭게 응시한다.
그리고 날카로움으로 베어진 상처로 신음한다.
아, 선홍색 혈흔, 이건 전시(戰時)의 표정이다.
천박이 탄핵된, 그리고 가짜가 방출된,
그래서 생(生)의 품격이 존중받는 세상을 보고 싶다.

오후 3시를 존중하는 '삶'이 필요하다.
오후 3시에 삶을 숙고하기 위해
커피를 마시러 테라스를 찾는 '사람'이 필요하다.

그렇다.
삶, 사람을 사랑하는 사람은
오후 3시에 커피를 마신다.
맑고 깊은 눈빛을 고즈넉이 담고 말이다.

이런 사람은 이미 천사이다.
이 땅을 살고 있으나 이미 하늘을 소유한 천사이다.
비록 날개는 없어도
늘 '맑음'으로 자신의 '터'를 비상(飛上)한다.
경악(驚愕)시킬 만한 '기적'은 없어도
늘 사람을 경탄(敬歎)시키는 '신비'를 품고 산다.

그러나 이를 어쩌리.
이제 오후 3시에 커피를 마시는
이런 천사가 눈에 띄지 않는다.
테라스에 앉아 커피 볶는 냄새를 맡는 천사,
"베를린 천사의 시"의 천사 다미엘이
사라진지 오래이다.
아, 한적해져 버린 오후 3시의 테라스,
다시 붐빌 날은 그 언제 일른지.

이제, 첫 번째 글 「그날 이후」(2009, 토기장이)에 이어
두 번째 글 「천사는 오후 3시에 커피를 마신다」,
이 시어(詩語) 형식의 소박한 운문, 산문 칼럼을
오후 3시에 나와 함께 커피를 마셔 줄 천사,
그대에게 두 손으로 기쁘게 드린다.

연두가 초록으로 물들어 가는 2014년 봄날,
오후 3시를 가리키는 시계탑 아래서
소중한 사람이 건네는 커피를 마시며.

차례

추천의 글
프롤로그

## 제1부_삶에 먼지를 묻히지 마라

삶에도 문법이 있다 ...... 017
그대여, 기침을 하라 ...... 039
하얀 코끼리를 조심하라 ...... 051
타르페이아 바위, 그 위험한 매력 ...... 065
덜어 내자, 그래야 가볍다 ...... 083

## 제2부_나는 보기 위해 눈을 감는다

케르베로스의 과자 ...... 097
누구나 15분 동안은 ...... 113
그대의 삶, 해어화처럼 ...... 133
거짓은 다리가 짧다 ...... 153
당나귀의 장례식, 우리를 늘 아프게 한다 ...... 171

## 제3부_상처를 흉터로 만들지 마라

| | |
|---|---|
| 거리 두기 | ····· 189 |
| '작은 것'에 대한 예의 | ····· 205 |
| 치치코프를 위한 애가 | ····· 219 |
| 욕망은 늙지 않는다 | ····· 235 |
| 나, 나를 보고 '기절'했다 | ····· 251 |

에필로그

제1부

# 삶에 먼지를 묻히지 마라

# 삶에도 문법이 있다

문법, 참 어렵다.
그러나 문법은 중요하다.
문법이 무시되면 문제가 생긴다.
그러니 문법, 익혀야 한다.
삶에도 문법이 있다.
이것을 '삶의 문법'이라고 한다.
그런데 이 문법은 더 어렵다.

지금, 책상 위 한 점 그림을 본다.
영국 화가 존 콜리어의 "고다이버 부인"(Lady Godiva)이다.

"고혹적인 한 여인,
 그녀가 하얀 말 위에 앉아 있다.

**부끄러운 듯, 고개를 숙이고 있다.**
**그리고 이 여인은 알몸이다"**

이 그림의 간략 스케치이다.
그런데 이 그림의 첫 느낌, "어, 도대체 뭐지?"

엄격한 사회질서의 영국 남부,
귀족 여인, 밝은 낮, 하얀 말, 알몸,

이 다섯 개의 부분 스케치, 서로 어울리지 않는다.
아니, 불편해 보인다. 음악도 아닌데 불협화음이다.
그러나 후에 알았다. 이 그림의 숭고한 의미를.

11세기 영국 남부 코벤트리,
이 도시의 영주는 레오프릭이다.
탐욕스런 권력자인 그의 즐거움은
백성에게 가혹히 걷은 세금을 식탁에서 세는 일이다.
잔인한 즐거움이다.
한편, 그에게는 열일곱 살의 고다이버라는 아내가 있었다.
아름다울 뿐만 아니라 삶도 참 맑았던 그녀는
과다한 세금으로 고통받는 백성을 보며 아파한다.

그러다가 결국 레오프릭에게 세금 감면을 간청한다.
그러나 레오프릭이 누군가. 고다이버의 부탁을 거절한다.
계속 간청하는 고다이버, 또한 계속 거절하는 레오프릭,
이 둘 사이에 차갑고, 불편한 긴장은 한 달간 계속된다.
난감해진 레오프릭은 고다이버에게 특별 제안을 한다.

"만약 부인이 알몸으로 말을 타고
 영지를 한 바퀴 돌고 온다면,
 부인의 뜻대로 세금을 감면해 주겠소"

아니, 이게 무슨 말인가?
그랬다. 레오프릭은 간교, 간악한 사람이었다.
귀부인이 알몸으로 말을 타고 밖으로 나간다는 것,
그것은 창부(娼婦)조차 거부하는 수치, 모욕, 죽음이었다.
결코 수락할 수 없는 제안을 한 레오프릭,
그것은 '이제 그만 단념하라'는 비열한 통첩이었다.
이 사람, 권력을 만지는 정치인답다.
추악한 제안을 받은 고다이버, 모두가 그녀를 주목한다.
그러나 놀랍게도 고다이버는 그 제안을 수락한다.
다음 날, 이 소식이 영지에 알려지고 사람들은
고다이버 부인의 뜻에 감동하여 서로 모여 약속한다.

"부인께서 알몸으로 영지를 돌 때,
단 한 사람도 밖으로 나와선 안 됩니다.
창문도 검은색 커튼으로 가리셔야 합니다"

그날이 오자 코벤트리 사람들 모두, 약속대로 행한다.
하얀 말을 탄 고다이버는 조용히 영지(領地)를 돈다.
이 믿기지 않는 사실에 레오프릭은 큰 충격을 받는다.
그는 약속대로 코벤트리 사람의 세금을 감면해 준다.
이후 고다이버와 코벤트리 사람들은 서로를 존중한다.

한참, 그리고 몇 번,
그림 속의 고다이버와 코벤트리 사람들을 보았다.
그리고 그들을 통해 신성한 '삶의 문법'을 확인했다.
내 눈을 찾아온 그 삶의 문법.

자기희생,
배려,

이것들이었다.
아름다운 삶의 문법, 그것은 자기희생과 배려였다.
고다이버의 자기희생, 코벤트리 사람들의 배려,

이 둘이 서로 어우러지니,

사람들이 살았다.
사람들이 웃었다.
사람들이 '사람다움'을 보았다.
세상은 목재, 석재로만 짓지 못한다.
사람이 살아가는 세상은 자기희생과 배려로 지어진다.
이것 없이 지어진 세상, 그것은 '불법 건축'이다.

자기희생,
배려,

그것은 '사람이 하는 천사'의 일,
'땅에서 하는 하늘의 일'이다.
속 깊고 생각이 맑은 사람,
삶에서 '천박성의 질량'을 덜어낸 사람,
자기 영혼을 '악(惡)의 태반(胎盤)'에서 분리한 사람,
그들에게만 소중히 허락된 성직(聖職)이며 신성한 노동이다.
그러니 욕망, 탐욕, 위선의 침전물로 '혼탁'해져
자신만을 위한 생(生)을 사는 '협곡(峽谷)의 사람'은 결코 하지 못한다.
자신의 귀를 울리는 타인의 갈채(喝采)가 없기 때문이다.

세상에서 가장 힘든 일은 무엇인가?
그것은 '억지로' 그리고 '부득이' 하는 일이다.
이런 사람들은

자기희생,
배려,

이런 가치에 매력도 흥미도 갖지 못한다.
자신을 향한 축시, 축가, 환호, 갈채가 없기 때문이다.
그러니 자신은 '불만',
지켜보는 이는 '불안'이다.
그들은 결코 못한다.
다만 어색하고 서툰 '흉내'만 낼 뿐이다.

한편,
삶의 문법이 사라지면, 또는 무시되면 무슨 일이 일어나는가?
그리고 그 자리에는 어떤 흔적, 무슨 냄새가 남는가?
제임스 패트릭 키니의 "마음의 추위"(The cold within)를 본다.

여섯 사람이 춥고 어두운 곳에 갇혀 모닥불을 쬐게 된다.
시간이 지나자 모닥불이 꺼져 가면서 추위가 엄습한다.

그들은 손에 나무 지팡이를 하나씩 갖고 있다.

먼저 첫 번째 사람,
그 사람은 여자였다.
그녀는 다른 남자들이 자기 지팡이를 내놓으라고 할까 봐
그것을 꽉 움켜쥐었다. 특히 흑인을 위해
자기 지팡이를 장작으로 내놓는 것은 죽기보다 싫었다.

두 번째 사람,
그 사람은 남에게 베풀어야 한다는 것을
교회에서 배워 잘 알고 있었지만,
여긴 교회가 아니니 실천할 의무가 없다고 하며
자기 지팡이를 내놓지 않는다.

세 번째 사람,
남루한 옷차림의 사람,
그는 속으로 저 게으른 부자를 위해 왜 내가 희생해야 해?
그건 어림없는 일이지 하며 중얼거린다.

네 번째 사람,
그 사람은 부자였다.

그는 자기가 모은 재산만 골몰이 생각하느라,
지금의 이 위기를 전혀 감지하지 못한다.

다섯째 사람,
그 사람은 흑인이었다.
그는 이 기회에 자신을 무시한 백인들에게
단단히 앙갚음을 하리라 다짐하며
두 눈을 질끈 감고 모른 체한다.

마지막 여섯 번째 사람,
그 사람은 다른 사람들 모두 가만히 있는데
'왜 나만' 지팡이를 내놓아야 하냐며 자신도 침묵한다.

이후, 이 불편한 시간은 계속 흐른다.
밤이 깊어 갈수록 추위도 무섭게 엄습한다.
그러나 그들 모두, 자기 지팡이를 단단히 움켜쥔 채
불이 꺼지는 것을 지켜만 본다.
그리고 그날 밤, 모두 얼어 죽는다.

13년 전 이 시를 처음 읽고 흉통(胸痛)으로 시달렸다.
그것은 "이들을 죽음으로 몰고 간 것은 무엇인가?"였다.

그들의 죽음이 '바깥의 추위' 때문이었는가? 아니다.
그들을 살해(殺害)한 것은 '마음의 추위'(cold within)였다.
그들 모두는 '스스로 만든 추위'에 동사(凍死)했다.
이 죽음의 최종 보고서를 작성한다.

"아무도 그들을 죽이지 않았다.
 그러나 모두가 그들을 죽였다"

그렇다. 이 죽음의 실체,
다른 이들을 '타살'시켜 자신도 죽는 '자살'이었다.
이럴 수가 있을까? 그러나 사실이다.
그래, 이제야 알 것 같다.
가장 무서운 추위는 '마음속'에 있다.
냉담, 냉대, 냉정 이런 '겨울 언어'들이
삶과 세상을
해빙 없는 '빙벽(氷壁)의 동토(凍土)'로 유폐(幽閉)시킨다.
아, 아프다.

한편, 그날 죽어간 여섯 명의 사람들은

자기희생,

배려,

이 두 가지 '삶의 문법'을
채취(採取)하지 못한 사람들이었다.
그래서 그들은 자신들의 지팡이를
장작으로 내놓을 수 없었다.
스스로 죽어가면서도 말이다.
참 무섭고도 슬픈 일이다.
그렇다. 삶의 문법이 무너진 자리,
그곳엔 차디찬 증오와 멸시의 흔적만 남는다.
그리고 그 흔적 주위는 날선 탐욕이 악취로 준동(蠢動)한다.
이후, 그곳은 사람이 살 수 없는 오염된 터가 된다.
삶의 문법의 붕괴, 그건 삶을 중절(中絶)시키는 나쁜 '칼'이다.

"베를린 천사의 시"(Wings Of Desire, 1987, 빔 벤더스 감독),
내게 삶의 문법을 가르쳐 준 시네마이다.

"아이가 아이였을 때
 팔을 크게 휘저으며 다녔다

 아이가 아이였을 때

시냇물은 하천이 되고

하천은 강이 되고

강은 바다가 된다고 생각했다

아이가 아이였을 때

자신이 아이인 줄 모르고

완벽한 인생을 살고 있다고 생각했다"

페터 한트케의 시(詩)로 시작하는 이 영화,
'사람이 되고 싶었던 한 천사의 사랑'을 담은 작품이다.
천사가 사람이 되고 싶어 한다? 무엇 때문이었을까?

어느 겨울날, 전쟁의 상흔(傷痕)이 채 가시지 않은 베를린,
그 하늘 위에서 세상을 바라보는 두 천사 다미엘과 카시엘.
그들은 인간의 역사를 관찰하는 천사로서
베를린 지역에서 활동한다. 가끔 서로 만나
자신들이 목격한 '인간 이야기'를 나누기도 한다.
그러나 거기까지이다.
그들은 인간들의 삶에 간섭할 수 없고
기적도 선물할 수 없다.
다만, 가난한 가장, 창녀, 자살 충동을 느끼는 청년,

이들의 내면의 소리를 들으며 다가가 위로를 전할 뿐이다.


한편, 다미엘은 인간의 사랑, 아픔, 기쁨에 큰 관심을 갖는다.
또한 그것을 자신도 느껴 보길 소망한다.
그건 천사에게 금기였다.
어느 날, 다미엘은 공중곡예사 마리온의 한탄을 듣게 된다.
그녀는 곧 해체될 서커스단에서 천사 역할을 맡은 여자이다.
늘 추락의 두려움을 안고 무대에 서는 가녀린 여자이다.


"아, 오늘이 마지막 공연일 수 있어.
 이 서커스단이 사라지면 난 어떻게 하지?"


다미엘은 밤마다 마리온을 찾아가
그녀의 슬픈 노래를 듣는다.
그럴 때마다 그녀를 도울 수 없는 자신을 한탄한다.
어느덧 그녀를 사랑하게 된 다미엘은
그녀를 도울 수 있는 방안을 모색하던 중
자신도 그녀처럼 '사람'이 되기로 결심한다.
이 결정에 그의 벗 카시엘은 강하게 반발한다.


"자네는 왜 악마와 닮은 인간이 되려 하는가?

분명 후회할 걸세"

그러나 벗의 만류에도 불구하고
다미엘은 사람이 되는 것을 선택한다.
실망한 카시엘은 그의 선택을 조롱한다.
사람이 된 다미엘, 이제 하늘을 나는 힘,
사람의 내면의 소리를 들을 수 있는 능력은 사라지고 없다.
또한 다미엘은 자신의 붉은색 피를 보고 놀라고
처음 맛보는 커피 맛에 기뻐 감격한다.
이후, 다미엘은 마리온에게 청혼하고 그녀의 반려가 된다.
천사 카시엘은 하늘로 돌아가고, 다미엘은 사람으로 살아간다.

한편 이 작품의 백미,
마지막 공연을 위해 공중비행을 연습하는 마리온,
그녀는 여전히 추락에 대한 공포를 떨쳐내지 못한다.
다미엘이 그네 아래서 그녀를 붙잡아 주며 격려하고 위로한다.
마리온은 처음으로 두려움 없이 아름다운 천사비행을 한다.
감격하여 희망을 갖는 마리온,
이를 보며 다미엘은 행복해 한다.

사실 천사였던 다미엘,

그에게 하늘을 나는 것은 '너무 쉬운 일'이었다.

그러나 그녀를 위해 하늘을 나는 천사의 활강을 포기한 다미엘,

이제는 그녀가 천사처럼

하늘을 날 수 있도록 도와주는 존재가 된다.

이후, 시간이 흘러 다미엘은 사람으로서 숨을 거둔다.

그러나 마지막 순간까지 다미엘은 '후회 없는 미소'를 짓는다.

사람이 되고 싶었던 천사 다미엘.

삶의 무게로 휘청거리는 한 여인을 위해,

스스로 불멸(不滅)의 삶을 내려놓고 필멸(必滅)의 삶을 선택한 천사.

그것은 분명 자기희생과 배려가 진하게 깃든 '삶의 문법'이었다.

기원전 4세기,

세속 오염으로부터 자신을 방역(防疫)해 줄 가치를 찾기 위해

이집트 사막 깊은 곳으로 들어갔던 은둔자 사막교부들,

그들 역시 '삶의 문법'에 깊은 관심을 보였다.

그리고 그곳에서 '세 가지' 삶의 문법을 발견한다.

그것들은 각각,

절제,

관용,

자기 비움,

이것들이었다.
사막의 모래 속에서 채광(採鑛)한 보석들이다.
이제 그들이 갈색 모래에서 건져낸 '세 문법'을 만나 본다.

첫 번째 삶의 문법, 그것은 '절제'(節制)였다.
절제란 자기 억제, 곧 자기 욕망을 지배하는 힘이다.
절제란 멈출 수 있는 힘, 멈출 줄 아는 힘이다.

언어의 폭주,
분노의 발화,
분주함의 횡포,

이런 것들에게 '붙잡히지 않는' 힘, 그것이 절제이다.
사막교부들은 이 세 가지를 방치할 때,
필히 삶이 붕괴되고 부식됨을 간파했다.
그래서 그들은 '절제'를 방부(防腐)의 도구로 선택했다.
이 세 부분을 경계하는 교부들의 어록을 발췌해 본다.

"그대의 입에서

악한 말이 나오지 않도록 하라.

포도나무는 결코 가시를 내지 않는다"(히페레키오스, 언어: 112)

"쉽게 분노하는 사람,

그가 만약 죽은 자를 살린다 해도

하나님은 그를 받지 않으신다"(아가톤 19: 분노)

"오, 주님,

제 영혼이 바짝 야위었습니다.

당신을 먹지 않았기 때문에"(십자가의 성 요한: 분주함)

두 번째 삶의 문법, 그것은 '관용'(寬容)이었다.

관용, 너그러움, 그것은 사람을 '이해하는 힘'이다.

사람에 대한 속단, 비판에서 '자유로워지는 힘',

그것이 관용이다.

관용, 세상의 모든 언어 중 '가장 따뜻한 온기'를 지닌 명사이다.

추운 겨울밤, 기다리던 새벽을 한 시간쯤 일찍 오게 하는 힘이다.

오해, 정죄,

불쾌함, 싫어짐,

이런 것들을 삶에서 퇴역(退役)시키는 미덕, 그것이 관용이다.
관용이 힘을 잃은 곳은 이미 삭풍(朔風)의 법정(法廷)이다.
유죄 선고, 추방 선언 '판결문'이 낭독되는 곳이다.
또한 관용은 '그 사람의 크기'를 충분히 가늠케 한다.
권세, 재물, 학문으로 자신의 몸을 부풀려도 그들은 '작은 자'이다.
관용, 너그러움을 버린 자에게 사막교부는 말한다.

"그들은 다른 사람의 집은 잘 지어 주면서
 자기 집은 무너뜨리는 사람이다"(포이멘 127b: 관용)

세 번째 삶의 문법, 그것은 '자기 비움'(kenosis)이었다.
다른 말로 겸손, 자기 낮아짐이라고 한다.
이는 절제, 관용을 이해한 자에게만 허락되는 특혜, 특권이다.
기품 있는 삶을 갈망하는 자에게만 허락되는 '눈부신 신비'이다.

겸손이란,
'발꿈치'를 내려 자기 '키'를 '작게' 만드는 행위이다.
자기 비움이란,
환호에서 고개를 '반대편'으로 돌리는 결단이다.
자기 낮아짐이란,
으뜸의 계단에서 스스로 한 걸음 내려와 '뒷걸음'치는 삶이다.

이런 사람들은 '자기 우월감'을 조용히 '은닉'(隱匿)한다.
그래서 타인의 넘어짐을 볼 때 그 사람을 쳐다보지 않고
'자신'을 곧바로 쳐다본다. 그리고 스스로 삼간다.

사막교부 아카톤이 다른 수도사의 범죄를 보고 통곡한다.
이 모습에 놀라 '통곡 이유'를 묻는 제자에게 그는 답한다.

"아니다. 그는 오늘 죄를 범했지만,
 내일은 내가 저 자리에 서 있을 줄
 모르기 때문이다"(무명집 327: 눈물)

사막교부들, 눈 시릴 만큼 영민한 인격들이다.
이미 음흉, 간악, 배신에게 점거(占據)된 지 오래인 우리,
죽음에 가까운 '부서짐'이 필요하다.

구약성경 창세기 9장을 펴 본다.
낯익은 이름이 나온다.

노아, 셈, 함, 야벳,

홍수 사건 이후 문제가 발생한다.

첫 농사 포도 추수 후, 노아가 포도주에 취했다.
취기로 체온은 오르고, 노아는 하의를 벗은 채 잠이 든다.
이 모습을 고지식한 아들 함이 목격한다.
그는 아비 노아에게 실망하고 분개한다.
함은 급히 밖으로 나가 셈, 야벳에게 이 사실을 알린다.
별거 아닌 듯 보이는 함의 행위, 문제는 함의 태도였다.
고대 히브리어 성경은 이때의 함의 행위를 이렇게 고발한다.

"그가 아버지를
 신랄하게 비방했다"

놀란 셈, 야벳,
그들은 급히 겉옷을 준비하고 '뒷걸음'으로 장막에 들어간다.
아버지의 하체를 보지 않으려는 '배려'이다.
그리고 고개를 돌린 채 준비한 겉옷으로 그 하체를 덮는다.

셈, 함, 야벳,

한 사건을 대하는 서로 다른 두 시선을 본다.
이들 중 누가 '삶의 문법'을 지켰는가?
이들 중 누가 '삶의 문법'을 파괴하였는가?

히브리인들은 처음 가는 낯선 길을 만나,

그 길을 무사히 통과하면

후에 그곳 지도를 그려 길의 출구, 입구에 걸어 두었다고 한다.

그것은 그 길을 지나갈 '다음 사람'을 위한 '배려'였다.

삶의 문법,

그것은 '요란함'이 제거된 매우 '조용한 힘'이다.

그러나 이 조용한 힘이 세상을 냉각(冷却)에서 구조한다.

이 힘으로 상생(相生) 없이 상쟁(相爭)뿐이었던 세상이

지금까지 품위 있게 '생존'해왔다.

악마는 프라다를 입는다?

그러면 천사는 무엇을 입는가?

글쎄, 그건 잘 모르겠다.

그러나 사람이 무엇을 입어야 하는지는 안다.

사람은 '삶의 문법'을 입어야 한다.

이제,

자기희생,

배려,

이 삶의 문법이 소중히 여겨졌으면 한다.
작가 앙드레 말로는 「인간의 조건」에서 말한다.

"지금까지 당신은 소중히 여기는 것을
다만 좋아만 했지만,
이제는 당신이 좋아하는 것을 위해
죽을 수 있어야 한다"

그렇다.
이제 삶의 문법을 가슴으로 '좋아해' 보자.
그리고 그 삶의 문법을 위해 한 번 '죽기도' 해 보자.
어쩜 그것이
우리에게 '전혀 새로운 삶'을
허락하신 그분,
우리 주 예수 그리스도에 대한
'정중한 예의'가 아닐까?

# 그대여, 기침을 하라

삶을 과장 없이 담아내는 김수영의 시가 좋다.
시상(詩想)을 미화(美化)하지 않는 '사실성'이 좋다.
지나친 낙관과 비관을 경계하는 '삶의 시각'이 좋다.
그의 시 "눈"(雪)의 일부이다.

"기침을 하자
젊은 시인이여 기침을 하자
눈 위에 대고 기침을 하자
눈더러 보라고 마음놓고, 마음놓고
기침을 하자


눈은 살아 있다
죽음을 잊어버린 영혼과 육체를 위하여

눈은 새벽이 지나도록 살아 있다

기침을 하자
젊은 시인이여 기침을 하자
눈을 바라보며 밤새도록 고인
가슴의 가래라도 마음껏 뱉자"

삶의 품위, 품격을 잊고 산 지 이미 오래인 우리,
이런 우리에게 이 말은 분명 시끄러운 '잔소리'이다.
그럼에도 시인은 마냥 모른 체하며 '기침을 하라'고
계속 채근(採根)한다. 참 무서운 집요이자 집착이다.
무슨 이유로 시인은 이토록 '기침'에 집착하는 것일까?
시인은 그 까닭을 '가래를 뱉기 위해서'라고 스스로 밝힌다.

뭐지? 기침, 그리고 가래?
그렇다. 목에 고인 가래, 계속 담아 두면 답답하다.
마냥 방치하면 천식(喘息)으로 질식할 위험에 처하게 된다.
그러니 '기침'으로 그 '가래'를 뱉어 내야 한다.
목 밑에 맺힌 그 가래, 한 점 남김없이 다 뱉어 내야 산다.
그 가래를 뱉어 내야 막혀 있었던 '자기 목소리'가 회복된다.
이 작품, 분명 시(詩)가 아니라 오히려 철학(哲學)이다.

시인이 철학자 하이데거의 논문을 수없이 탐독할 만큼,
그에게 경도(傾倒)되었다는 말은 사실이었다.

위선, 욕망,
편견, 음해,

이것들은 지금 우리 삶 속에 '진하게' 붙어 있는 '가래'이다.
이 가래들, 뱉어 내야 한다.
그것이 남아 있는 한 '맑지' 못하다.
그렇다. 가래가 뱉어진 삶이 '품격' 있는 삶이다.
그 사람의 삶에서 품격, 품위가 전혀 느껴지지 않는 것,
그의 언어에서 싸구려 독주 압생트 냄새가 나는 것,
그것은 그 사람이 목 깊은 곳, 가슴 한구석의 가래를
아직 시원하게 뱉어 내지 않았기 때문이다.

삶은 두 개의 '심장'을 갖고 있다.
그것은 '상식'과 '양심'이다.

상식,
양심,

이 두 심장이 제대로 가동(可動)해야 산다.

이 두 심장이 작동을 포기할 때 가슴, 목에 가래가 낀다.

가슴에서 가래를 뱉어 낸 사람,

그래서 양심, 상식이 힘 있게 출렁이는 사람,

그런 사람에겐 항상 '맑음'과 '밝음'이라는 생(生)의 품격이 드러난다.

그러니 '편도'를 아프게 울릴 만큼 강한 '기침'을 해야 한다.

그렇다면 우리가 뱉어 내야 할 '가래'는 어떤 것인가?

그것은 '증오'(憎惡)라는 '가래'이다.

증오,

가장 위험한 감정이다.

사람에게 내상(內傷)을 입히는 살상력이 있기 때문이다.

한곳에 머무르지 않고 복수, 저주를 찾아 떠나는 광기,

그것이 바로 증오이다.

13세기 피렌체 시인 단테는 말한다.

"증오,

 그것은 지옥을 건축하는

 가장 탁월한 재료이다"

그렇다. 증오(憎惡)는 지옥의 '골격'(骨格)이다.
지옥은 증오를 통해 그 영토가 확장된다.
단테의 「신곡」, 지옥 편 제 8곡,
단테는 지옥 제 5고리를 지나다가 한 무리를 본다.
그들은 지옥의 강 스틱스 늪에 빠진 채
뜨거운 '진흙'을 먹으며 절규하고 있었다.
그대들은 왜 이러고 있는가?

"단테여, 우리는 경멸, 증오를 즐긴 사람이오.
늘 입으로 온갖 악독을 다 쏟고 살았소.
그래서 더는 우리 입에서 증오의 말이 나오지 못하도록
진흙을 입에 넣는 형벌을 받고 있소"

고대 그리스인들도 증오, 복수를 극도로 경계했다.
기원전 458년 가을, 그리스의 천재 비극작가 아이스킬로스,
그는 대작 「자비로운 여신들」을 무대에 올린다.
이 희곡의 주제는 청년 오레스테스의 증오, 복수, 파멸이다.

청년 오레스테스,
트로이 전쟁의 총지휘관 아가멤논의 아들이다.
그의 어머니는 격정적 성품의 클리타임네스트라이다.

문제의 발단, 그것은 아버지 아가멤논에게 있었다.
트로이 출정을 앞둔 아가멤논과 그리스 연합군,
그러나 바람이 불지 않아 연합 함대가 출항을 못한다.
이때, 예언자 카르카스가 아가멤논에게 딸 이피게네이아를
제물로 바치라고 말한다. 이 신탁에 아가멤논은 갈등한다.
아가멤논이 갈등하는 사이 그리스군은 균열 조짐을 보인다.
결단을 재촉하는 군부의 압력,
결국 아가멤논은 이피게네이아를 제물로 바친다.
딸의 억울한 죽음을 전해 들은 클리타임네스트라,
그녀의 모성이 요동친다.
결국 아가멤논에 대한 분노로 광란한다.

10년 후, 아가멤논은 트로이를 정복하고 귀환한다.
10년의 세월 동안 밤마다 분노에 떨던 클리타임네스트라,
정부(情夫) 아이기스토스와 계략을 꾸미며 귀환한 아가멤논을
침대에서 잔인하게 살해한다. 그녀, 후회 없는 표정을 짓는다.
한편, 어머니가 정부와 함께
아버지를 살해하는 현장을 목격한 딸 엘렉트라,
그날 밤 그녀는 분노, 통한의 눈물을 흘리며
동생 오레스테스가 있는 포키스로 은밀히 떠난다.
오레스테스를 만난 엘렉트라, 어머니의 잔행(殘行)을 고발한다.

이후 7년 후, 아테네로 돌아온 스무 살의 오레스테스,
엘렉트라와 함께 클리타임네스트라와 아이기스토스를 살해한다.
아버지 아가멤논의 죽음에 대한 정당한 응징, 복수였다.

그러나 '복수의 세 여신' 에리니에스가
오레스테스를 심문하러 온다.
에리니에스는 각각 메가이라, 알렉토, 티시포네이다.
이들은 늘 함께 다니면서 복수라는 죄를 진 자에게 형벌을 내린다.
그들이 내리는 형벌은 살인자를 일생 동안 '미치게' 하는 것이다.
이 형벌에 따라 오레스테스도 불안, 우울, 공허로 점차 미쳐 간다.
이 형벌에 반발한 오레스테스는 엘렉트라와 함께 재심을 청구한다.
아레스 법정에서 재판이 열린다. 배심원은 열두 명이다.
아테네 시민들의 시선, 관심이 이곳에 모아진다.
원고(原告) 에리니에스는, 존속살해(尊屬殺害)이므로
오레스테스는 사형에 해당하는 유죄라고 기소(起訴)한다.
피고(被告) 오레스테스는, 이는 자식으로서
살해당한 아버지를 위한 정당한 '심판'이었다고 반박한다.
순간, 아레스 법정은 크게 술렁인다.

심판인가?
복수인가?

치열한 법정 논쟁 후, 배심원들의 판결 결과가 나온다.
뜻밖에, 결과는 유죄, 무죄의 표가 6대6 동수(同數)였다.
순간 법정은 죽음보다 무거운 침묵이 흘렀다.
모두가 재판을 최종 주관하는 아테나 여신을 주목한다.
그녀의 한 표, 그 향배가 오레스테스의 삶을 결정한다.
에리니에스와 오레스테스가 그녀의 손을 날카롭게 응시한다.
잠시 후, 냉정한 표정의 아테나가 항아리에 '흰 돌'을 던진다.
오레스테스에게 무죄가 선언된 것이다. 엘렉트라가 환호한다.
이로써 오레스테스는 에리니에스의 형벌에서 벗어난다.
이제 모든 것이 끝난 것인가? 그게 아니었다.

얼마 후, 오레스테스는 아카디아 지방을 여행하다 독사에 물린다.
그 맹독(猛毒)은 오레스테스를 하루 만에 죽게 만든다.
이게 무슨 일인가?
그랬다. 세상은 오레스테스에게 무죄를 선고했으나,
하늘은 오레스테스의 유죄를 여전히 철회하지 않았던 것이다.
결국 하늘은 자신들의 방식으로
그에게 사형을 집행한 것이다. 참 냉엄하다.
그러나 이것이 '복수'에 대한 그리스의 철학이다.
그들에게 있어 증오와 복수는 예외 없는 '야만적 유죄'였다.

증오가 만든 오레스테스와 클리타임네스트라
그리고 아이기스토스의 비극적 파멸,
피를 나눈 가족임에도 서로를 죽여야 했던 그 암울한 이야기,
이것이 증오가 '지나간 자리'이다.
증오, 복수, 이것들은 우리의 생(生)을
아침은 '분노'로, 저녁은 '억울함'으로 살게 한다.
삶의 파괴자이다.

청년 요셉을 본다.
열일곱 살 어린 나이에 자신을 증오하는 형들에 의해
물 없는 웅덩이에 던져지고,
미디안 상인에게 은 20에 팔려 노예가 된다.
13년 후, 요셉은 이집트의 두 번째 권력자가 된다.
또 7년 후, 기근 때문에 이집트로
양식을 구하러 온 형들과 만나게 된다.
이 순간 요셉의 마음은 어떠했을까?

증오?
복수?

아니었다. 요셉의 한마디 말,

그것은 "내가 하나님을 대신하오리까?"(창세기 50:19)였다.

그렇다.
복수는 하나님을 '대신'하는 '월권'이다.
복수는 나의 것? 전혀 아니다.
복수는 하나님의 공의, 세상 법정에 맡겨야 한다.
그러니 '증오'를 기침으로 뱉어라.
혹 뱉을 자신이 없다면 차라리 목젖 아래 깊은 곳으로 '삼켜' 버려라.
사막의 베두인들은 말한다.

"세상에서 가장 맛있는 음료는
 증오의 소리가 입 안에서 솟구칠 때
 그것을 꾹 삼키는 침이다"

이 '증오'를 목젖 아래로 삼키지 못해 부서진 이름,
클리타임네스트라, 아이기스토스, 오레스테스를 불러 본다.
아, 선홍색 피 냄새가 난다.
프리드리히 니체는 말한다.

"괴물과 싸우다,
 당신도 괴물이 되지 않게 하라"

괴물을 죽이려다 자신도 괴물이 되는 것,
그것이 복수, 증오이다. 결국 자신도 죽는 일이다.
그러니 이제 기침을 하자.
편도가 따가울 만큼 힘껏 기침을 하자.

억울함, 사나움,
잔인함, 뒤틀림,

이 검은 가래들이 내 안에서 '힘'이 세지지 않도록,
세상을 삭풍(朔風)으로 동결시키는 독한 가래가
우리 목에 머물지 못하도록, 한 번 더 기침을 하자.

오늘, 유독 바람이 차다.
그렇다. 겨울은 한 번도 마냥 얌전히 지나가지 않는다.
그래서 그런가, 오늘따라 기침 소리가 유난히 많이 들린다.
그러나 그 기침 소리, 참 고맙고 반갑다.
그래서 나도 가만히 입술에 손을 대고 기침을 해 본다.

# 하얀 코끼리를 조심하라

"나 국왕은 오늘,
그대에게 이 성스러운
하얀 코끼리를 하사하오.
향후 5년간 잘 돌보다가
내게 다시 돌려주길 바라오"

고대 타이왕궁 왕실 문서실에서 발견된 기록이다.
지략을 넘어 계략인 '부탁 같은 명령'을 살펴본다.

고대 타이왕국에서는 왕권을 위협하는 위험한 신하가 포착되면,
국왕은 그를 위한 연회를 베푼 후,
귀한 '하얀 코끼리'를 하사하고 반드시 5년간 기르도록 명령했다.
하얀 코끼리, 그것은 타이에서 신성한 존재였다.

국왕이 아니면 소유불가의 성물이었다.
하얀 코끼리를 소유한다는 것, 그것은 특권이었다.
국왕으로부터 하얀 코끼리를 하사받은 그 신하,
순간 세상을 얻은 듯 감격한다.
그러나 하사받은 하얀 코끼리가 기쁨이 아닌 재앙이라는
사실을 깨닫는 데는 그리 오랜 시간이 필요치 않았다.

하얀 코끼리 한 마리,
그가 하루에 먹어 치우는 양식, 상상을 초월한다.
보통 사람의 경제력으로는 불가능하다.
또한 그 하얀 코끼리를 5년간 무사히 돌본다는 것,
그것은 차라리 재앙이자 죽음이었다.
결국 그 신하는 하얀 코끼리를 돌보다가 3개월도
채 안 되어 철저히 파산하고 만다.
이후, 빚에 시달려 붕괴되고 만다.
도모하던 반역은 시도도 못한 채 말이다.
향후, 이 신하는 빚을 갚기 위해 노예로 전락하든지,
아니면 왕의 허락을 얻어 타국으로 망명을 떠난다.
이로써 국왕은 반역을 도모한 신하를 '깨끗이' 제거한다.
그랬다. 하얀 코끼리는 성물이 아닌 흉물이었다.
그러나 이 위험한 비밀, 국왕은 알았고 신하는 몰랐다.

하얀 코끼리의 하사(下賜),

그것은 권력에 대한 '탐욕'을 부리는 자를

합법적으로 제거하는 고도(高度)의 정치적 행위였다.

로마인들은 '아바리티아'(avaritia)라는 단어를 극도로 혐오했다.

아바리티아, 라틴어로 '만족할 줄 모르는'이라는 뜻이다.

법의 민족다운 '탐욕'에 대한 명석한 해석이다.

아바리티아, 그것은 로마인들에게 있어 '수치'를 의미했다.

특히 권력을 만지는 자에게 '아바리티아'는 '치명적 악'이었다.

로마 원로원들의 의상은 '주머니 없는 흰색 옷'이었다.

흰색은 청렴, 주머니의 부재(不在)는 뇌물과 청탁편지를

결코 허락할 수 없다는 강력한 의지의 표명이었다.

로마의 힘, 그것은 모든 공직자에게

탐욕 앞에서의 백치(白痴)를 요구하는 정신에 있었다.

그렇다. 로마는 이미 하얀 코끼리의 '위험'을 알고 있었다.

이제, 탐욕의 '민낯'(naked face)을 드러내 본다.

세 가지 단상으로 각론을 달아 본다.

첫 번째 단상(斷想),

탐욕, 그것은 21세기의 '유일신'(唯一神)이다.

사실 탐욕은 이미 '오래된' 신(神)이다.

벌써 21세기의 모든 신을 제압하고 유일신으로 등극했다.

다만, 쾌락이 유일신의 지위를 놓고

홀로 탐욕과 치열하게 경합(競合) 중이다.

탐욕은 지금도 그 매료, 매력을 넘어 마력으로 존재한다.

탐욕으로 '개종'하는 신도는 여전히 증가 추세이다.

그러나 탐욕은 세상의 반(半)을 '한숨' 쉬게 하는 폭거이다.

탐욕이 지나간 자리, 그곳에는 '한숨'이 분출된다.

왜 그런가? 탐욕은 본질적으로 '소유욕'이다.

그런 이유로 타인의 것을 '탐'하는 '탐심'과 제휴한다.

탐욕의 폭거를 생각할 때마다 연상되는 단어가 있다.

그것은 '블러드 다이아몬드'(Blood Diamond)라는 슬픈 언어이다.

서로 다른 느낌의 두 단어 피와 다이아몬드,

꿈의 보석 다이아몬드에 왜 '피'(血)라는 언어가 붙는가?

시에라리온, 현존 다이아몬드의 최대 생산국이다.

그러나 놀랍게도 이 나라는 여전히 세계 최빈국이며,

평균수명은 35세이다. 무슨 일인가?

다이아몬드가 지닌 비교 불가의 부(富)의 가치 때문이다.

석유와 다이아몬드, 이것들은 이 시대의 권력, 부의 원천이다.

이것들만 있으면 권력의 탈취에 필요한 무기를 살 수 있다.

결국, 시에라리온의 정부군과 반군 사이에
다이아몬드 광산을 놓고 분쟁이 일어난다.
국민들은 전쟁과 노동으로 피폐해졌다.
하루 20센트를 받고 광산에서 소년, 소녀들이 혹사당했다.
또한 생존을 위해 소년들은 반군(叛軍)의 총을 들어야 했고,
소녀들은 병사들에게 매매춘을 해야 했다.
또한 병사들은 반군이 준 마약에 취한 채
동족의 손발을 자르기도 했다.
한편, 거대 기업들은 다이아몬드의 지속적 확보를 위해
반군에게 무기를 공급해 주었다.
또 그렇게 소유한 다이아몬드는 다시 비싼 값으로 팔려 나갔다.
다이아몬드를 얻기 위한 권력자들의 전쟁,
결국 힘없는 어린아이들만 죽음으로 내몰았다.
피의 전쟁을 몰고 온 다이아몬드의 불법 판매 금지를 위해
UN이 2002년 3월 13일 승인하며 그해 11월에 발효된
'킴벌리 프로세스'도 사실상 유효치 못한 현실이다.
거대 기업의 치밀한 로비 때문이다.

시에라리온의 블러드 다이아몬드,
그것은 지금도 시에라리온 대지를 피로 채색하는 가학(加虐)이다.
또한 세상의 반(半)을 '한숨' 쉬게 만드는 잔인(殘忍)이다.

17세기 청교도 신학자 토마스 왓슨은 탐욕을 이렇게 정의한다.

"탐욕은 병든 소유욕이다.
 반드시 다른 사람의 것을
 빼앗는 강탈로 옮겨 간다"

그렇다. 탐욕은 분명 '강탈 행위'이다.
자신만의 만족을 위한 잔인한 '약탈'이다.
그러니 탐욕은 당연 '차가운 죄'이다.

두 번째 단상(斷想),
탐욕, 그것은 영원한 기아(饑餓), 배고픔이다.
마음속 탐욕은 결코 채울 수 없는 깊은 수렁이다.
그런 이유로 탐욕으로는 결코 배부를 수 없다.
탐욕은 여전히 우리를 '배고프게' 한다.
문득, 그리스 문학 「에리직톤」이 기억난다.

에리직톤,
그는 테살리아 국가의 왕자, 곧 미래 권력이었다.
그러나 이 남자, 성품이 모질고 잔인했다.
어느 날, 그는 정원에 있는 큰 참나무를 도끼로 자른다.

그 참나무는 백성들이 신성시하며 사랑하는 나무였다.
그래서 에리직톤은 자신보다 이 나무를 더 사랑하는
백성에 대한 시기, 분노로 이 나무를 '처형'한 것이다.
이 소식에 놀란 백성들은 급히 에리직톤을 찾아가
엎드려 절을 하며 그 참나무를 다시 세워 달라고 부탁한다.
그러나 에리직톤은 그들을 모욕하며 냉정히 거절한다.
이 모습을 묵묵히 지켜보던 하늘,
에리직톤에게 분노한 후, 곧 강하게 저주한다.

"앞으로 너는 어떤 음식을 먹어도
 영원히 허기를 채우지 못할 것이다"

무서운 저주였다.
이후, 이 남자는 아무리 음식을 먹어도 늘 배고팠다.
그래서 계속 먹어야 했다. 단 한순간도 음식 곁을
떠나지 못하는 에리직톤, 그는 아무 일도 할 수 없었다.
결국 모든 사람이 그를 떠난다. 그 많던 가산은 음식을
먹는데 모두 탕진된다. 빚을 내서 음식을 사야만 했다.
어느덧 빚조차 얻을 수 없게 되자 에리직톤은 자신의 딸
메스트라까지 팔아 버린다. 가련한 메스트라.
그리고 얼마 후, 다시 먹을 것을 살 수 없게 된 이 남자,

이젠 굶주림에 못 이겨 자신의 몸을 뜯어먹기 시작한다.
배고픔에 통증도 잊은 채 팔, 다리, 귀를 무섭게 먹는다.
결국 그에게 남은 것은 음식을 씹던 그의 이빨뿐이었다.
이렇게 하여 에리직톤은 이 땅에서 사라진다.

에리직톤,
그의 영원한 허기의 고통, 저주는
결국 딸을 팔고 자기 살을 먹고, 죽은 후에야 비로소 멈춘다.
그렇다. 이것이 탐욕의 전형(典型)이다.
탐욕은 결코 배고픔을 해소시키지 못한다.
다만 '거짓 배부름'만 줄 뿐이다. 속지 마라.

세 번째 단상(斷想),
탐욕, 그것은 우리를 실명(失明)시키는 흉기이다.
그것은 우리의 시력을 철저히 무효화시킨다.
러시아의 작가 고골의 작품 「외투」,
이 소설의 인물 아카키, 그의 비극을 조명해 본다.

아카키, 그는 9급 직위의 소박한 러시아 관리이다.
살면서 필요 이상의 낭비, 허영을 모르고 사는 남자이다.
땀과 노력을 믿는, 또 욕심도 없이 사는 착한 남자이다.

자신의 하루를 간단한 요리, 서류 정리, 필사본 만들기
같은 평범한 일로 채우며 사는 사람이다.
아카키, 그는 행복하지도, 불행하지도 않은 사람이다.
그러나 매서운 바람이 부는 페테르부르크의 겨울날,
이 남자에게 문제가 생긴다. 그의 '낡은 외투' 때문이었다.
유난히 추웠던 그해 겨울, 이 낡은 외투로는 견딜 수 없었다.
이 남자는 낡은 외투의 수선을 결심하고
재단사 페트로비치를 찾아간다.
그러나 재단사로부터 들은 말은 '수리 불가'였다.
이제 아카키는 할 수 없이 '새 외투'를 사야만 했다.

그러나 9급 관리로서 새 외투를 구입한다는 것,
그것은 400루블의 급료를 받는 그에겐 무거운 부담이었다.
그러나 얼마 후면 이 낡은 외투마저도 버려야 되기에,
아카키는 새 외투를 구입하기로 결심한다.
그날부터 그는 새 외투 비용 마련을 위한 내핍에 들어간다.
매일 저녁까지 굶어가며 애쓴 결과
드디어 아카키는 갈망하던 '새 외투'를 구입하게 된다.
새 외투를 보며 너무나 행복한 이 남자,
기뻐서 몇 번이고 입어 본다.

그러나 그 기쁨도 잠시, 새 외투를 입고 출근하던 첫 날,
아카키는 불량배들에게 그 귀한 '새 외투'를 강탈당한다.
그는 빼앗긴 새 외투를 다시 찾기 위해 경찰, 검사를
찾아가 눈물로 청원한다. 그러나 냉대를 받고 거절당한다.
그의 직위가 그들보다 낮은 9급이었기 때문이다.
아카키는 울분에 떨며 힘없이 집으로 돌아온다.
그날 이후, 그는 삶의 의욕을 잃어버린다.
잃어버린 새 외투, 그것이 너무 아까워 매일 절규한다.
결국 아카키는 탈진된 상태에서 독한 신열로 신음한다.
그리고 며칠 후, 새 외투를 부르며 숨을 거둔다.

이제 질문 하나,
아카키, 그가 추악한 '탐욕'을 부린 것인가?
아니다. 그건 탐욕이 아닌 지극히 '소박한 욕망'이었다.
그러나 그 '작은 욕망'이 놀랍게도 아카키를 '죽음'으로 이끈다.
어떻게 말인가? 그 작은 욕망, 집착이 그의 눈을 잠시 가려,
그에게서 '분별력'을 앗아갔다.
사실 그는 외투보다 자신의 목숨을 더 아껴야 했다.
그러나 아카키는 이 간단한 진실을 끝내 보지 못했다.
그 '작은 탐욕'이 그의 눈을 찔러 '실명'시켰기 때문이다.
러시아 사상가 베르쟈예프는 말한다.

"나를 위해
 준비한 빵은 물질이지만,
 다른 사람을 위해
 준비한 빵은 정신이다"

그렇다. '자기'만을 위해 준비한 식탁은 이미 '탐욕'이다.
가난한 자의 필요에 벌써 눈을 '감았기' 때문이다.
그래서 탐욕은 '냉정한 악'인 것이다.

넓은 토지에서 '풍요'를 수확하고도,
소작인들의 '빈 창고'에 그 양식을 채울 마음 없이,
자신을 위해 '더 큰 창고'를 지으려 했던 어느 부자,
성경은 그를 '어리석은 자'라고 준엄하게 책망한다(누가복음 12:10).
사실 법리학으로 볼 때, 남의 것을 강탈한 적 없이
자기 땅에서 땀으로 일궈 얻은 소득을
창고에 쌓는 것이 무슨 잘못이란 말인가?
그렇다. 분명 이 부자는 무죄이다. 오히려 노동의 귀감이 된다.
그러나 하늘의 시각(視覺)은 전혀 다르다.
그럼 왜, 이 부자가 유죄란 말인가?
주경신학자 윌리엄 바클레이는 말한다.

"남의 것을
빼앗은 것만 탐욕이 아니다.
자신의 것을 나누어 주지 않는 것도
역시 탐욕이다"

한편, 타인의 명예, 권위에 대한 '찬탈'도 탐욕이다.
그렇다. 탐욕이 적용되는 곳은 '물질'만이 아니다.
오귀스트 르네 로댕이 19세기 위대한 조각가라는
사실에 이의를 제기하는 사람은 없다.
청동이나 대리석을 밀가루 다루듯 조형(造形)해나가는
그의 탁월성은 분명 경탄과 경이(驚異)이다.
작품 "다나이드", "발자크 상", "지옥의 문"이 이를 증언한다.

그런데 최근 학계의 연구 결과,
로댕의 작품으로 알려진 "키스", "칼레의 시민"이
사실은 그의 제자이자 연인이었던 까미유의 작품으로
확인되면서 커다란 충격이 일어났다.
이어 제자의 작품을 '자기 것'으로 도용한
로댕의 행위에 대한 분노와
가련한 까미유에 대한 연민이 끓어올랐다.
만약 이것이 사실이라면,

로댕은 까미유의 영감(靈感)을 시기하고,
또 명성까지 찬탈한 파렴치한 '탐욕'의 사람이 된다.
로댕이, 1913년 동생 폴에 의하여
몽드베르그 정신병원에 감금된 그녀를
철저하게 방치한 이유를 여기에서 찾는 사람도 있다.

이렇듯 하얀 코끼리,
그 '탐욕'은 강하고 잔인하다.

권력자 에리직톤,
착한 아카키,
노동에 성실한 한 농부,
그리고 천재 로댕까지 그것에 밟혀 압사했다.

오늘, 오랜만에 햇빛이 참 눈부시다.
거실 창문을 연 후, 방안 옷장을 열어 본다.
꽤 비싸게 사놓고 아직 한 번도 입지 않는
옷이 제법 많이 걸려 있다.
문득 '아카키의 외투'가 생각나는 순간이다.

갈색 지갑도 열어 본다.

온갖 카드 영수증이 가득하다.
충동구매로 키운 하얀 코끼리들이다.
탐욕의 혈흔(血痕)이다.

탐욕,
소유,

이것들이 '쾌락'이 아닌
'통증'으로 느껴지는 날,
통장 잔고(殘高),
그것이 행복을 책임지는 '유일한 각서'라고
서명하는 그 손놀림이 '멈추는 날'을 소망한다.

어거스틴, 그는 「고백록」에서 말한다.

"내 하나님이 아닌
 모든 부(富),
  그것은 내게 빈곤(貧困)이다"

# 타르페이아 바위, 그 위험한 매력

로마 역사가 리비우스가 집필한 총 142권의 「로마사」,
이 방대한 기록 중, 특히 로마인들이
지금까지 주목하는 사건이 있다.
로마 공화정이 총 6개의 군단 장군을 임명할 때
공개적으로 낭독했던 사건, 그것은 '타르페이아 바위' 사건이다.

타르페이아 바위 사건, 어떤 사건인가?
이 사건의 발단은 로마와 사비니와의 전쟁에서 비롯된다.
기원전 753년, 로마는 7개의 언덕을 중심으로 건국된다.
천혜의 지형은 얻었으나, 여성이 절대 부족했다.
로마 청년들은 가정을 이룰 수가 없었다.
문제 해결이 절박했던 로마는 계략을 수립한다.
그것은 납치였다.

로마는 사비니 사람들을 축제에 초청한다.
단, 비무장이 조건이었다.
사비니인들이 비무장으로 로마로 향하던 중,
매복 중이던 로마군들이 사비니 여인들을 납치했고,
이 여인들에게 로마 청년과 결혼하도록 강요했다.
납치된 포로, 사비니 여인들에게는 선택권이 없었다.
이로써 로마의 시급한 문제는 일단 해결된다.
그러나 사비니인들은 로마를 용서할 수 없었다.
특히 딸을 빼앗긴 귀족들의 분노는 극에 달한다.
곧, 사비니 사람들은 로마에 선전포고를 한다.
로마에 대한 적개심은 강력한 전투력으로 전환된다.

한편, 사비니 국왕 타티우스,
지략(智略) 있는 탁월한 전략가였다.
전쟁 개시 한 달 후, 타티우스는 로마의 전략 요충지
카피톨리노 언덕까지 진군한다. 승리가 눈앞이었다.
그러나 카피톨리노 요새는 로마 최고의 장군
막시무스가 지키고 있었다. 함락이 난관이었다.
치열한 3개월간의 공방, 서로의 피해가 치명적이었다.
양극의 군 수뇌부는 고민에 빠진다. 묘책이 없는가?
그런데 이때, 사비니에게는 행운,

로마에게는 불행한 일이 일어난다.

로마 장군 막시무스에게는 타르페이아라는 딸이 있었다.
그녀는 전쟁 와중에 한가로이 성벽 위에서 산책하다가
사비니 군사의 왼팔에 감긴 황금 팔찌에 매료된다.
월계수 문양을 새긴 그 황금 팔찌,
햇빛에 부딪힐 때마다 그 화려함이 빛났다.
황홀한 황금빛의 팔찌가 갖고 싶었던 그녀,
그 밤에 은밀히 타티우스에게 편지를 보낸다.

"타티우스 왕이여,
 내게 황금 팔찌 30개를 주면,
 카피톨리노 요새의 문을
 오늘 밤 열어 주리이다"

극히 위험한, 그리고 철없는 거래였다.
편지를 읽으며 미소를 짓는 타티우스,
곧 황금 팔찌 50개를 약속하는 회신을 보낸다.
그날 밤, 견고했던 카피톨리노 요새의 문은 쉽게 열린다.
사비니 군사들이 은밀히 요새의 문을 통과할 때,
철없는 그녀는 황금 팔찌를 받기 위해 손을 내민다.

순간 타티우스는 청동 방패로 그녀를 찍어 살해한다.
살해된 타르페이아의 시신은 바위 아래로 던져진다.
그날 이 후, 이 바위는 '타르페이아 바위'라고 불려지게 되었다.
6개월 후, 로마는 카피톨리노 언덕을 다시 탈환한다.
그리고 곧 이어 하나의 법률을 공포한다.

"로마를 배신한 변절자들은
 반드시 타르페이아 바위 위에서
 절벽 아래로 던져 살해하라"

타르페이아의 어리석음이 만든 로마의 치욕스런 패배,
그러나 로마는 이 치욕스런 과거사의 삭제를 거부하고,
오히려 그것을 기억하려 했다.
왜 그리했을까?
그것은 사람이란, 어떤 경우에도
'해서는 안 되는 일'이 있음을 기억하라는 것이었다.
사람에게는 '해서는 안 될 일'이 있다.
그것을 분명 알고 살아야 한다. 그것이 삶의 문법이다.
특히 사람은 늘 '벽'(癖)을 경계해야 한다.
한자어 '벽'은 '매우 나쁜 버릇'을 말한다.
도벽(盜癖), 낭비벽(浪費癖), 방랑벽(放浪癖), 수집벽(收集癖)

이 단어들을 보라. 혐오(嫌惡)가 보이지 않는가?
또한 '질'도 조심해야 한다.
싸움질, 도적질, 각통질, 고자질, 삿대질, 매질,
어떤가? 추악(醜惡)이 보이지 않는가?

고대 그리스인들이 가장 두려워했던 것,
그래서 어떤 경우에도 해서는 안 되는 일,

휘브리스,

이것이었다.
그리스어로 '오만(傲慢)'을 의미한다.
그리스인들은 자신들이 '오만'으로 규정되는 것,
그것을 극도로 경계하고 두려워했다.
기원전 5세기 작가 유리피데스의 「알세스티스」를 본다.

"휘브리스여 너는,
 나와 그리스를 불쾌한 야만,
 가증한 위험으로 이끈다"

고대 그리스인들은

타르페이아 바위, 그 위험한 매력  69

휘브리스, 곧 오만을 야만, 위험한 인격으로 보았다.
그래서 그들은 휘브리스의 차단을 위한
강력한 법적 장치를 마련한다.
그것은 '오스트라키모스'라는 제도이다.
흔히 도편추방(陶片追放)으로 알려진 제도이다.
그리스 법정은 권력에 대한 야망, 부정축재로 부를 쌓은 자,
시민을 선동하는 자, 이런 사람을 발견하면 그를 휘브리스
곧 '위험한 자'라고 규정하고 10년간 그리스에서 강제 추방했다.

휘브리스를 결정하는 방법은 도자기 조각에 그 이름을 적어
아크로폴리스 광장 항아리에 넣는 것이었다.
이후, 조각에 5,000개 이상 이름이 기록된 사람의
재산, 직위, 권력을 압류(押留)하고 추방을 강제 집행했다.
이는 분명 휘브리스에 대한 철저한 '갱유'의 선언이다.
오만에 대한 그들의 분노, 그것은 '결벽'(潔癖) 그 자체였다.

그리스 문학 "벨레로폰의 편지",
이 작품은 벨레로폰이란 인물을 통해 휘브리스의 위험을
우리에게 극명히 확인시켜 준다. 일종의 경고문학이다.

벨레로폰,

코린토스의 왕 글라우스코스의 아들이다.
야망, 지기(志氣)를 갖춘 청년, 열린 미래를 소유한 권력자이다.
그런 그에게 예상 못할 일이 한순간에 벌어진다.
그가 귀족 벨레로스를 죽게 한 것이다. 그것은 분명 실수였다.
그러나 코린토스 법정은 그에게 7년간의 추방을 명령한다.
벨레로폰은 반론을 제기하나 기각된다.
이제 그는 3일 안에 이 도시를 떠나야 했다.

3일 후, 미래의 권력자였던 벨레로폰,
그는 모든 것을 다 내려놓고 아르고스로 망명을 떠난다.
그곳에서의 잠깐의 안식, 그러나 불운이 또다시 찾아온다.
아르고스의 왕비 안테이아가 벨레로폰을 흠모하여 유혹한다.
그러나 망명자 벨레로폰은 아르고스 왕을 배반할 수 없었다.
그가 냉정히 안테이아를 거절하자, 왕비는 수치, 분노로 경련한다.
그녀는 국왕 프로이토스를 찾아가
벨레로폰이 자신을 유혹했다고 음해한다.
이 사실에 격노하는 프로이토스는 잠시 고민한다.
사실 해결은 하나뿐, 벨레로폰을 죽이는 것이었다.
그러나 그는 자기 손에 피를 묻히고 싶지 않았다.
또한, 이 문제로 자칫 코린토스와의 전쟁이 염려되었다.
다음 날, 벨레로폰을 부른 국왕은 봉(封)한 편지 한 통을 주며

"이 편지를 리키아에 있는 이오바테스께 전해 주게"라고 부탁한다.

한편, 리키아의 국왕 이오바테스는 프로이토스의 장인이었다.
얼마 후, 리키아에 도착한 벨레로폰은
이오바테스로부터 환대를 받는다.
그는 리키아 관습에 따라 9일 동안 벨레로폰을 극진히 대접한다.
10일째 되는 날 이오바테스는 편지를 개봉한다.

"왕이시여,
 이 편지를 가져가는 자를
 반드시 죽여 주십시오"

순간, 노회(老獪)한 이오바테스는 고민한다.
자신과 원한도 없는 젊은이를 명분도 없이 살해할 수는 없었다.
그러나 이오바테스, 그가 누군가?
40년간 리키아를 통치한 숙련된 권력자였다.
얼마 후, 이오바테스는 벨레로폰을 부른다.

"젊은이여,
 우리 도시를 두렵게 하는
 키메라를 죽여 주시오"

무서운, 그리고 음흉한 부탁, 아니 명령이었다.
키메라는 누군가? 제거 불가한 흉물 아닌가?
이오바테스는 키메라의 힘을 빌려 벨레로폰을 죽게 할 계획이었다.
이미 키메라의 위험을 알고 있었던 벨레로폰,
급히 현자(賢者) 폴리이토스를 찾아가 상의한다.
그리고 그를 통해 날개 달린 말 페가수스를 얻는다.
결국 벨레로폰은 페가수스의 도움으로 키메라를 제압한다.

이 결과에 놀란 이오바테스.
벨로로폰을 '하늘의 사랑을 입는 자'라고 여긴다.
벨로로폰을 곁에 두고 싶었던 이오바테스는 그를 사위로 삼는다.
벨레로폰, 그는 이제 초라한 '망명자'에서 힘센 '권력자'가 된다.
그러나 큰 승리와 권력자의 사위, 이것이 벨레로폰의 비극이 된다.
이후, 벨레로폰은 '오만'해진다. 더 이상 두려울 것이 없었다.
그는 금령(禁令)의 영토, 신들의 거처인 하늘에 오르려는
무서운 야망을 꿈꾼다. 그는 곧 하늘로부터 휘브리스로 규정된다.

다음 날, 페가수스를 타고 하늘로 치솟는 벨레로폰,
그리고 이런 벨레로폰의 휘브리스에 분노한 하늘,
하늘 신들은 한 마리의 등에를 보내 페가수스를 찌른다.
놀란 페가수스가 요동하는 순간 벨레로폰은 황금 고삐를 놓친다.

척박한 땅으로 추락한 벨레로폰은 그 충격으로
절름발이가 되고 시력까지 잃는다.
그 후 벨레로폰은 사람의 눈을 피해
알레이안 황야를 떠돌다 쓸쓸한 죽음을 맞는다.

벨레로폰의 끝없는 추락,
그것은 휘브리스, 곧 오만 때문이었다.
사람이 해서는 안 되는 일, 곧 휘브리스를 무례히 선택할 때,
하늘은 그에게 재앙을 투하했고, 그의 모든 것을 '분해'시켰다.
그 어떤 흔적도 찾아 볼 수 없도록.

휘브리스,
그것은 파멸을 부르는 '요람을 흔드는 손'이다.
하늘을 분노시키는 '반란'이기 때문이다.
하나님께서는 사람을 '흙'으로 지으셨다.
그래서 사람이 죽으면 필히 '흙'으로 돌아가는 것이다.
히브리어로 '흙'을 의미하는 단어는 '아파르'(afar)이다.
그 의미는 '티끌, 먼지'이다. 사람이 '티끌'임을 기억하라는 것이다.
이 사실을 잊을 때 우리는 '휘브리스'가 된다.
반드시 아래로 한없이 추락하게 된다.
그러면 이 시대의 '휘브리스'는 무엇인가?

그것은 '이간질'(alienate)이다.

이간질,

세상에서 가장 추악한 행위, 그것은 이간질이다.
사람 사이의 '관계'를 오해로 '파괴'하기 때문이다.
이간질이 만든 그 참혹을 다시 문학으로 만나보자.

희곡 「오셀로」,
1604년, 발표된 셰익스피어의 작품이다.
이 작품에 '이아고'라는 인물이 나온다.
그가 뿌렸던 이간질, 그 악취를 맡아 보자.

이아고, 그는 오셀로의 군마를 관리하던 기수였다.
평소 갈망하던 부관의 자리가 카시오에게 돌아가자,
울분을 견디지 못하던 이아고는
오셀로, 카시오에게 처절한 복수를 결심한다.
이아고의 복수 프로그램 첫 번째는 카시오의 제거였다.
이아고는 카시오를 자기 집으로 초대한다.
술을 좋아하는 카시오를 공략하기 위해서이다.
예상대로 카시오는 폭음을 한 후 취중 난동을 부린다.

이 사건으로 카시오는 부관에서 파면된다.

복수 프로그램 두 번째는 오셀로의 파멸이었다.
이를 위한 이아고의 계획은 소름끼치도록 치밀했다.
그가 선택한 치밀한 방법은 '이간질'이었다.
오셀로와 그의 아내 데스데모나, 행복한 부부이다.
이아고는 이 부부의 선한 관계의 균열, 파괴를 시도한다.
먼저, 이아고는 아내에 대한 오셀로의 신뢰를 흔든다.
이아고는 카시오와 데스데모나가 연인이라는
거짓 정보를 흘려 오셀로의 귀에 들어가게 한다.
이 거짓을 사실로 믿도록 하기 위해 데스데모나를 찾아가,
불쌍한 카시오의 복직을 청원케 한다.
카시오의 복직을 부탁하는 아내를 보며
오셀로는 불현듯 우울해진다.

이어 이아고는 자기 아내 에밀리아에게,
오셀로가 데스데모나에게 주었던 손수건을 훔쳐오도록 한다.
에밀리아가 그 손수건을 훔쳐 오자,
이아고는 그것을 카시오의 방에 일부러 떨어뜨려 놓는다.
교묘하게 불륜의 증거를 조작한 것이다.
이로써 이아고가 연출한 데스데모나의 가짜 불륜,

그것은 이제 뒤집을 수 없는 사실이 된다.
한편, 오셀로의 데스데모나에 대한 의심,
그것은 걷잡을 수 없는 '배반'으로 증폭된다.
견딜 수 없었던 오셀로는 이아고를 시켜 연적으로 오해된
카시오를 살해한다. 순간 이아고는 음흉한 미소를 짓는다.
이어, 배신감에 떨던 오셀로는 아내 데스데모나를
찾아가 그녀를 저주하며 목 졸라 살해한다.
그러나 얼마 후, 오셀로는 이아고의 아내 에밀리아를 통해
이 사악한 사건의 전모를 듣게 된다.
순간, 오셀로는 어리석은 자신을 저주하며 오열한다.
그때, 오셀로 앞에 음흉한 이아고가 나타난다.
고개를 들고 싸늘한 눈으로 그를 바라보던 오셀로,
분노로 절규하며 이아고의 칼을 빼앗아 그를 살해한다.
이어 자신의 우(愚)를 자책하며 아내 곁에서 목숨을 끊는다.
이 모습을 공모자였던 에밀리아가 비통하게 지켜본다.

모두가 패자(敗者)가 된 이 희곡은
이간질이 왜 '악(惡)의 적자(嫡子)'인지를 극명히 드러낸다.
이간질, 무기 없이도 사람을 살해하는 흉기(凶器)이다.
이간질, 그것은 단순히 선(善)을 '방해'하는 악이 아니라,
선(善)까지 철저히 '파괴'하는 못된 악이다.

또한, 이간질은 '말'의 문제가 아닌 '인격'의 문제이다.
자신의 인격이 짐승 수준으로 '격하'될 때만 가능한 악이다
그러니 삶에서 즉시 철거시켜야 할 흉가(凶家)이다.
리젠트 대학교수, 찰스 링마.
악, 이간질에 대한 그의 분석을 본다.

"악이, 악한 장소에만 나타난다면,
 악의 정체를 파악하기 쉬울 것이다.
 그러나 놀랍게도 선한 일만 있으리라고
 예상되는 곳에도 악은 나타난다"

또한 언어학자 우석영의 「낱말의 우주」에서
저자는 '악'에 대한 해석을 이렇게 한다.

"악(惡)이라는 말은,
 마음(心)속에
 무덤(亞)을 준비하는 행위이다"

이제 악에 대한 '면역'이 필요하다.
특히 이간질에 대한 '영구 면역'이 절실하다.
니체의 「선악(善惡)의 저편」(1866년)의 일부이다.

"선에도 강하고
 악에도 강한 것,
 이것이 참 힘이다"

단테의 「신곡」, 지옥 편, 제 34곡을 본다.
단테는 지옥의 제 9고리에 도착한다.
그곳에서 보좌에 앉아 있는 지옥 통치자 루시퍼를 만난다.
그의 모습을 본 단테는 매우 놀란다.
그가 '세 개의 얼굴'을 갖고 있었기 때문이다.

진홍색 얼굴,
검정색 얼굴,
노란색 얼굴,

루시퍼는 왜 '세 개의 얼굴'을 갖고 있을까?
이 세 얼굴은 각각 지옥을 만드는 얼굴이었다.
그 세 얼굴은 각각,

증오,
무지,
이간질,

이것들을 상징했다.

단테, 놀라운 문학적 상상력이다.

지옥을 직조하는 날실, 씨실은 증오, 무지, 이간질이다.

이간질이 바늘귀에 꿰여 지나간 자리,

그곳은 비록 '천국'이라도 곧 '지옥'이 된다.

그래서 삶은 '거리 두기'가 필요하다.

이간질과 거리 두기를 소홀히 할 때,

사람은 타르페이아 바위에 서 있게 된다.

이후, 남는 것은 절벽 아래로 '던짐'을 당하는 삶의 하강(下降)뿐이다.

아, 소름 돋는 일이다.

한편, 두려운 것이 있다.

그것은 타르페이아 바위가

로마 카피톨리아 언덕에만 있지 않다는 불안한 사실 때문이다.

존경, 권력,

승리, 박수,

이와 같은 것들,

즉, 그대들이 그토록 소유하고 싶어 갈망하는

이런 것들 '곁'에도 있다.

그러니 이제,
아침에 구두끈을 묶을 때마다,
저녁에 구두끈을 풀 때마다,
그곳 '발아래'를 살펴봐야 한다.
어쩌면 그곳이 매력적이나,
매우 위험한 그녀의 바위,
곧 타르페이아 바위인지 모르기 때문이다.

## 덜어 내자, 그래야 가볍다

밤새 눈이 내렸다.
많은 축사(畜舍)가 무너졌다고 한다.
쌓인 눈의 '무거움'을 견디지 못해서이다.

무거움,

내가 가장 두려워하는 것, 무거움이다.
그런 이유로 나는 '무거움'에 늘 저항한다.
축사를 붕괴한 '무거움'의 '무서움'을 알기 때문이다.

그리스인들은 '아우타르케이아'를 사랑했다.
기원전 6세기, 그리스 시인 시모니데스의 아침기도이다.

"하늘이여, 오늘도 제가
 아우타르케이아를 소멸치 않게 하소서"

아우타르케이아,
그것은 '스스로 만족함'이라는 뜻의 그리스어이다.
그들은 삶의 불행이 '과도한 욕망'에서 시작됨을 알았다.
그래서 '욕망'이라는 흉기가 자신들을 '무겁게' 할까 두려워
스스로 만족하는 삶, 곧 아우타르케이아를 갈망하며 기도했다.

한편, 아우타르케이아 맞은편에는 '헤도니아'가 있다.
헤도니아, 그리스어로 '가득 채우다'란 뜻이다.
다른 의미로 '만족할 줄 모르다'라는 뜻도 지닌다.
좋은 것, 희귀한 것, 비싼 것들을 소유하기 위하여
능력 이상의 비용을 지불하는 행위, 그것이 헤도니아이다.
헤도니아는 그 채움, 넘침을 바라보며
'나는 행복하다'고 자신에게 주문을 외우는 삶이다.
그들은 '채우며' 사는 사람들이다. 그래서 늘 무겁다.

산행(山行) 때 배낭은 필요하다.
그러나 무거운 배낭은 오히려 발걸음을 더디게 한다.
무거워지면 힘들고, 곧 주저앉게 된다. 결국 산행은 실패한다.

배(船), 화물차, 사람, 이것들 역시 무거워지면 위험하고 위기이다.
그 '무거움'을 속히 덜어 내야 한다. 그래야 산다.

덴마크 철학자 키에르케고르,
자신에게 준엄, 결벽(潔癖)이던 사람이었다.
그래서 수치, 기만, 나태같이 자신을 무겁게 하는 것들을
극도로 혐오하며 멀리했던 사람이었다.
그는 자신의 저서 「들의 백합화와 공중의 새」의 제 2부
"새의 강화"에서 이렇게 말한다.

"철새, 겨울을 피해
 먼 남쪽으로 날아가려면,
 우선 먹이를 먹어야 한다.
 그러나 때로 먹이를 너무 많이 먹어
 몸이 무거워 진 새를 본다.
 그 새들은 그곳에서 얼어 죽는다"

그는 삶의 '과적'(過積)을 신경질적으로 싫어했다.
그럼, 삶을 무겁게 만드는 원흉(元兇)들은 무엇인가?

쌓기,

붙잡기,
할퀴기,

이것들이 삶을 전복(顚覆)시키는 세 가지 흉물들이다.
이것들을 '덜어 내야' 한다. 그래야 안전하다.
이 흉물(凶物)들을 살펴본다.

첫째, '쌓기'를 '덜어냄'이 필요하다.

담은 쌓아도,
실력은 쌓아도,
방파제는 쌓아도,

과도한 '소유욕'을 '쌓아서'는 안 된다.
그 무게가 삶의 정수리를 짓누르기 때문이다.

단테의 「신곡」, 지옥 편, 제 19곡을 펴 본다.
단테는 지옥의 구덩이 '말레볼제'를 지난다.
그는 그곳에서 끔직한 비명소리를 듣게 된다.
고개를 돌려 보니, 어느 사람이 거꾸로 박힌 채,
두 발바닥이 불에 지져지는 형벌을 받고 있었다.

그는 교황 니콜라우스 3세였다.
교황이었던 그가 왜 이런 참혹한 형벌을 받고 있는가?
그는 교황 재직 시,
불법적인 성직 매매를 통해 막대한 부를 착복했고
이 부정한 소유는 그의 금고에 끊임없이 쌓여 갔다.
평생 '더 쌓기'를 외치며 살다가,
결국 그 무거움에 이곳까지 오게 된 것이다.
소유를 쌓기 위해 부단히 달렸던 발이
니콜라우스 3세를 대신하여 화형(火刑)을 받는다.
그가 나누지 않으면 빼앗기고,
내려오지 않으면 떨어뜨린다는
평범한 진리를 알았다면 얼마나 좋았을까?
로마 시인 루카누스는 '시스테, 비아토르'라고 외쳤다.
그 뜻은 "그대여, 충분하니 이제 그만 멈춰라"이다.

둘째, '붙잡기'를 '덜어냄'이 필요하다.

영화티켓은 붙잡아도,
릴케의 시집은 붙잡아도,
비 오는 날 우산은 붙잡아도,

과거의 원한을 붙들고 '오늘'을 사는 우(愚)를 범치 마라.
그러면 '과거'는 물론 '오늘'까지 무너진다.

「아테네의 타이먼」(1605),
셰익스피어의 잊혀진 희곡이다.
그의 생전에 무대에 오르지 못한 비운의 작품,
그러나 분명 수작(秀作)이다.

주인공 타이먼은 그리스 아테네의 대부호이다.
그는 타인에게 물질과 호의 베풀기를 좋아한다.
아테네를 지나는 나그네, 파산한 사람, 망명자, 고아,
소경, 거지들에게 따뜻한 호의를 베푼다.
그러나 집사 플라비우스는 이런 타이먼이 염려되었다.
그는 늘 "지나치게 베푸는 것은 파산 위험이 있으니 절제하시지요"
라고 타이먼에게 정중히 충언했다.
그러나 타이먼은 그 충언을 웃으며 거절했다.

7년 후, 불행히도 착한 타이먼은 파산한다.
그러나 그는 전혀 낙심하지 않는다.
자신이 어려운 사람들을 도와주었으니
그들도 당연히 자신에게 선을 베풀 것이라는 확신 때문이었다.

그러나 아니었다. 모두가 그를 차갑게 외면한다.
일부는 오히려 그에게 빚 독촉까지 했다.
냉엄한 현실에 충격을 받은 타이먼,
그는 세상을 혐오하며 입고 있던 모든 옷을 벗어버리고
짐승처럼 알몸으로 숲에 들어가 동굴에 거한다.
이후 그 누구도 타이먼을 보지 못한다.
그가 죽었다는 말까지 떠돌았다.
이후 긴 세월이 흘렀다.
타이먼은 쟁기로 풀뿌리를 캐다가 엄청난 황금을 발견한다.
순간, 타이먼은 이 황금을 캐서 다시 아테네로 돌아가야 하나,
아니면 나를 버린 아테네를 영원히 포기할 것인가로 갈등한다.
오랜 고민 끝에
타이먼은 자신에게 깊은 상처를 안긴 아테네를 포기한다.
그는 황금의 일부만 취하고 나머지는 다시 묻어 버린다.


몇 개월 후, 아테네 군인 알키비아테스가
이곳을 지나가다 타이먼을 만난다.
사실 이 두 사람은 서로 존경하는 사이였다.
알키비아테스는 자신을 모독한 아테네를
공격하러 가는 중이라고 말한다.
이 말에 타이먼은 알 수 없는 미소를 짓는다.

타이먼은 황금 일부를 그에게 주며
반드시 아테네를 폐허로 만들어 달라고 부탁한다.

얼마 후 이 소식이 아테네에 전해진다.
집사 플라비우스가 원로원들과 함께 타이먼을 찾아와,
알키비아테스를 설득하여 아테네 침공을 단념케 해달라고 부탁한다.
그러나 타이먼은 냉정히 거절한다. 이로써 아테네는 위기를 맞는다.
이후, 아테네는 알키비아테스에 의해 초토화된다.
이 소식을 전하기 위해 한 병사가 타이먼을 찾아온다.
그러나 타이먼은 이미 그곳에 없었다. 멀리 떠나 버린 것인가?
아니었다. 그 병사는 주위에서 타이먼의 '무덤'을 발견한다.
무덤 팻말에는 이런 글이 있었다.

"세상 모든 사람이
 미워한 타이먼,
 여기 그냥 잠들다"

스스로를 향한 조소였다.
그는 죽는 순간까지도 아테네를 용서하지 않았다.
타이먼은 아테네를 원망하며 살다 사라졌다.
현재를 살면서 현재를 거부했던 타이먼,

그는 스스로 자신의 삶을 '난파'시킨 불행한 사람이었다.
원한, 억울함은 '위로'가 되지 못한다. 치유는 더욱 아니다.
오히려 그것은 내 속에 '불'이 되어 나를 태운다.
내일을 살아갈 힘조차 소진(消盡)시킨다.
그러니 그것을 '붙잡고' 살아서는 안 된다.
17세기 영국 시인 존 밀톤이 벗에게 보낸 서신이다.

"벗이여, 세상이 지옥을 너무 닮아가네.
 서로가 원한을 붙잡고 놓지 않기 때문이네.
 사람들은 모르고 있네. 악은 원한을 먹으며
 그 키가 자란다는 사실을 말일세"

셋째, '할퀴기'의 '덜어냄'이 필요하다.

고양이의 할퀴기,
못된 그림 할퀴기,
아기 손톱, 제 얼굴 할퀴기,

이것은 가능해도 저주, 폭언으로 '할퀴어서'는 안 된다.
할퀴기는 '손톱'으로만 하는 것이 아니다.
비방, 저주, 폭언은 이보다 '더 깊은 생채기'를 남긴다.

운문 소설 푸슈킨의 「예브게니 오네긴」(1883년),
이 작품 속의 청년 오네긴은 중류 귀족 가문의 청년이다.
부유했던 숙부의 죽음으로 그에게 막대한 유산이 상속된다.
이 소식에 그를 아는 모두가 오네긴을 주목, 부러워한다.
얼마 후, 오네긴은 지방의 여지주 라린을 알게 된다.
라린, 그녀에게는 두 딸 타치야나와 올가가 있다.
청초한 아름다움의 타치야나, 밝고 상냥한 올가이다.
어느 날, 오네긴이 라린의 집에 초대된다.
여기서 오네긴은 맑은 영혼의 시인 렌스키를 만난다.
순수하고 열정적인 시인 렌스키는 올가의 약혼자였다.
한편, 오네긴을 본 타치야나는 깊은 사랑에 빠진다.
타치야나는 그리움을 못 이겨 오네긴에게 연서를 보낸다.
그러나 오네긴은 그녀의 사랑을 냉정히 거절한다.

어느 덧, 시간이 흘러 타치야나의 명명일(命名日)축제,
여기에 렌스키의 추천으로 오네긴이 다시 초대된다.
이때에는 오네긴도 타치야나를 사랑하며 행복해한다.
화려한 무도회가 열리고 오네긴과 타치야나는 왈츠를 춘다.
그러나 이 모습을 곁에서 지켜보는 사람들이 오네긴을
'위험한 사람'이라고 수군거린다. 순간 모멸감을 느낀 오네긴은
자신을 초대한 시인 렌스키에게 심한 폭언을 한다.

이어 렌스키에게 수치를 주기 위해 약혼녀 올가와 춤을 춘다.
모욕을 느낀 렌스키, 그들의 우정은 한순간에 무너진다.
집으로 돌아온 렌스키는 오네긴에게 편지를 보낸다.
그것은 결투 신청이었다.
드디어 다가온 그 날, 한 사람은 죽어야 했다.
얼마 후 호숫가에 울린 총성에 렌스키가 쓰러진다.
순간, 오네긴은 쓰러진 그를 붙들고 절규한다.
모든 것이 싫어진 오네긴, 다 버리고 긴 방랑에 들어간다.
얼마 후, 오네긴은 타치야나가 그레민 공작과
결혼한 사실을 알게 된다.
뒤늦게 후회한 오네긴은 그녀를 찾아가 사랑을 호소하지만
이미 결혼한 타치야나는 그를 냉정히 거절한다.
타치야나의 태도에 절망한 오네긴은 모두를 저주한다.
이후, 오네긴의 입에서 '행복'이라는 말은 사라진다.

오네긴, 그리고 렌스키의 비극,
그 시작은 작은 '폭언' 한마디였다.
무도회에서 즉흥적으로 쏟아낸 오네긴의 폭언,
이것이 우정과 사랑을 한순간에 함몰(陷沒)시켰다.
저주, 폭언의 혀, 그것은 '말'이 아닌 파멸을 비는 '주술'이다.

그러니
이제 덜어 내자.
삶의 '체중'에서
그 무거움을 깔끔하게 덜어 내자.

그래야 가볍다.
그래야 산다.

제2부

# 나는 보기 위해 눈을 감는다

# 케르베로스의 과자

1세기, 로마 시인 베르길리우스,
그가 11년간 집필한 서사시 「아이네이스」,
그러나 불행히도 그는 이 작품을 완성하지 못한 채,
전(全) 12권만 남긴 후 세상을 떠난다.
"아이네아스", 여기에 '케르베로스의 과자'가 나온다.

쿠마이 예언자 시뷜레,
그녀가 아이네아스를 하데스로 안내하게 된다.
그러나 하데스 문지기 케르베로스가 걸림돌이다.
지옥의 개 케르베로스는 어떤 존재인가?
역사가 헤시오도스의 「신통기」를 본다.

"이 개는 3개의 머리를 가졌고,

꼬리는 날카로운 뱀 모양이며,

목 주위에는 여러 뱀 머리가 달려 있다.

움직일 때마다 발에서는 청동 소리가 난다"

케르베로스는 여러 머리로 전체를 볼 수 있어,

이 문지기를 피해 하데스를 출입하는 것은 불가능했다.

더구나 이 지옥의 개는 너무 사납고 힘도 강력했다.

시뷜레도 이 사실을 알고 있다. 그러나 그녀가 누군가?

그녀는 케르베로스를 피해 하데스를 출입할 묘안을 생각해 낸다.

어떤 묘안인가? 그것은 '작은 과자'였다.

작은 과자? 놀랍게도 그랬다.

시뷜레는 밀가루에 꿀을 넣어 반죽한다.

그리고 그 속에 아편을 섞어 곱게 굽는다.

이렇게 만들어진 작은 과자, 그것은 환각제(幻覺劑)였다.

시뷜레는 아이네아스에게 과자를 주며,

하데스 입구에서 케르베로스를 만나거든

이 '작은 과자'를 던져 주라고 말한다.

하데스 입구에 도착한 아이네아스를 발견한 케르베로스,

예상대로 사납게 저항한다.

계획대로 아이네아스가 작은 과자를 케르베로스에게 던진다.

자신 앞에 던져진 과자를 보자 자신을 향한 호의로 받아들이고
케르베로스는 곧 짖기를 멈추고 과자를 삼킨다.
그리고 잠시 후 케르베로스는 깊은 잠에 빠진다.
이를 확인한 아이네아스는 유유히 하계(下界)에 들어간다.

강한 자 케르베로스의 패배, 그건 충격이자 당혹이다.
케르베로스를 제압한 아이네아스의 무기는 무엇이었나?
그것은 뜻밖에도 '속임수'였다.
강한 힘과 첨단 무기를 소유해도 '속으면' 진다.
그래서 속지 않는 힘, 곧 '분별력'이 필요하다.
보이는 표면 뒤 이면(裏面)을 판독하는 눈이 분별력이다.
분별력, 가짜에게 쉽게 속지 않는 '똑똑한 힘'이다.
기원전 1세기, 로마의 정치가 호라티우스,
그가 원로원에게 보낸 서신의 일부이다.

"아무에게나
 당신의 오른손을
 내밀지 마라"

고대 로마인들,
매년 3월 19부터 5일간, 퀸콰트리아 축제를 연다.

이는 미네르바를 기억하는 축제이다.

왜 미네르바인가?

밤에도 멀리, 세밀히 볼 수 있는 '시력' 때문이다.

이 축제를 통해 '분별력'을 기원했던 것이다.

이 시대는 이미 '속임수의 시대'이다. 속임수가 '힘'이 세졌다.

그래서 '미몽(迷夢)의 시대'에는 '총명'이 필요하다.

총명.

총(聰)은 '귀가 뚫린다'는 뜻이다.

명(明)은 '눈이 밝아졌다'는 뜻이다.

그렇다. 귀와 눈이 '살아 있어야' 속지 않는다.

이제 우리의 눈, 귀를 '잠들게' 하는

이 시대의 '작은 과자'를 추적해 본다.

이 시대의 '작은 과자'는 무엇일까?

그것은 '탐식'(貪食)이다.

탐식,

음식에 대한 '과도한 집착(執着)'이다.

이것은 배고파서, 죽지 않기 위해서 먹는 '생존 행위'가 아니다.
그것은 분명 더 맛있는 것, 더 고급스러운 것, 더 희귀한 것을
즐기기 위해 고비용을 지불하는 사치, 낭비이다.
화려한 식탁, 두툼한 지갑, 저급한 과시욕이 만나 연출하는
저급한 '허영'이다.

4세기 사막교부 에바그리우스 폰티쿠스,
저서 「프락티코스」에서 말한다.

"음식을 위해,
 과도한 시간, 비용을 지불하지 마라.
 탐식의 죄를 짓는 것이다.
 음식은 노동 가능할 만큼만 먹어야 한다"

단테의 「신곡」, 연옥 편, 제 24곡을 본다.
단테는 연옥 6고리를 지난다.
이때, 어디서 큰 '탄식 소리'가 들린다.
급히 가 보니 무리가 '큰 나무' 주위에 몰려 있었다.
그런데 이 큰 나무가 이상했다.
위와 아래가 서로 바뀐 채 '거꾸로' 자라는 나무이다.
거꾸로 자라니, 먹을 열매는 땅 속으로 묻히고,

먹을 수 없는 뿌리만 땅 위로 솟아 자란다.
무리 일부는 손톱으로 땅을 파기도 한다.
그러나 땅은 좀처럼 열매를 보여 주지 않는다.
이때 허기에 지친 무리가 일제히 절규한다.

"썩은 열매라도 좋으니
 제발, 열매 하나만 먹게 해줘"

이들은 누구인가?
이곳에 오기 전, 귀족 미식가(美食家)들이었다.
라틴어로 '탐식'은 '굴라'(gula)이다.
작가 도로시 세이어즈는 '굴라'를 이렇게 말한다.

"목구멍에 음식을 천박하게
 집어넣는 행위로서,
 사람이 아닌 가축이 하는 행위이다"

굴라, 곧 탐식은 가축에게 어울리는 음식행위이다.
사람은 그렇게 해서는 안 된다. 그것은 음식에 대한 모독이다.
사람들은 음식, 식탁을 통해 잃어버린
화해, 치유, 회복을 제공받는다.

그러니 음식은 단순히 식물(食物)이 아니다.
덴마크 작가 이자크 디네센의 「바베트의 만찬」,
음식이 지닌 신비를 알게 하는 작품이다.
그녀는 1954, 1957년 두 차례 노벨 문학상 후보에 오른 작가로
1962년 수술 후유증으로 타계했다.

노르웨이 피오르 지역 작은 마을,
이곳에 두 자매 마르티네, 필리파가 산다.
그녀들의 아버지는 금욕주의적 목회자였다.
사람들로부터 깊은 존경을 받는 분이셨다.
그러나 아버지가 세상을 떠난 후,
마을 사람들은 갈등, 오해로 반목(反目)한다.
교회에 나오는 신도들도 줄어간다.
마을 전체가 희망이 차압 당한 채 불안에 침수(浸水)된다.
그러나 두 자매는 결혼도 하지 않은 채,
삭막해진 이 마을의 병든 사람, 어려운 자들을 돌보며 산다.

비가 세차게 내리던 어느 날,
바베트라는 여인이 이 마을을 찾아온다.
그녀의 손에는, 당대 최고 오페라 가수였던
파팽이 써준 편지가 들려 있었다. 그것은 추천서였다.

거기에는 "바베트는 음식을 매우 잘하는 여인입니다"라고 써 있었다.
두 자매는 낯선 이방인, 삶에 지쳐 힘겨워 하는 이 여인을
기꺼이 자신의 집에 머물게 한다.
뛰어난 음식 솜씨, 특유의 친화력을 지닌 바베트는
마을 사람들에게 깊은 사랑을 받는다.

얼마 후, 바베트 앞으로 파리에서 한 통의 편지가 전달된다.
그녀의 지인(知人)이 바베트를 위해 산 복권이
'만 프랑'에 당첨 되었으니 찾아가라는 내용이었다. 낭보(朗報)였다.
이 날부터 바베트는 '만 프랑'의 사용을 놓고 고민한다.
며칠 후, 바베트는 두 자매를 찾아가 자매의 아버지 기일(忌日)
10주년 때, 자신이 만찬을 준비하겠다고 한다.
두 자매는 처음에 반대하나 추도 만찬을 마친 후,
그녀가 '만 프랑'을 갖고 파리로 돌아가리라 여겨 허락한다.
이후, 바베트는 프랑스에 연락하여
만찬에 쓰일 음식 재료를 공수해온다.
그것들은 모두 프랑스 내에서 최상의 것들이었다.
바베트가 만드는 음식, 그것은 그 마을에서
이제까지 전혀 볼 수도, 맛볼 수도 없는 것들이었다.
마을 사람들의 지나친 관심, 순간, 두 자매는 두려워졌다.

"이 음식들이 향락이 되어
 우리 마을의 종교적 전통을
 파괴하면 어쩌지, 걱정이다"

이에 두 자매는 바베트 몰래 마을 사람들을 만나,
향락에 빠지지 말라고 주의하며 경계를 당부한다.

드디어 기일은 오고, 만찬이 화려하게 배설된다.
기일에 참여한 마을 사람들은 바베트의 음식에 감탄한다.
특히 이 날 초대받은 로벤히엘름 장군은 이 음식들이
마치 자신이 오래전, 파리 최고급 레스토랑에서 맛본
그 음식과 비견(比肩)된다고 경의를 표한다.
이로써 그날 기일(忌日)은 축제(祝祭)로 변해간다.

바로 그때, 신비로운 일이 일어난다.
마을 사람들이 바베트의 음식을 나누면서,
마음에 있었던 질시, 반목을 내려놓고 화해, 용서를 선택한다.
이런 신비는 두 자매의 아버지가 살아 계실 때
교회의 성찬식 때나 가능했던 일이었다.
그런데 그 신비가 지금 교회가 아닌, 식탁 '음식'에서 재현된다.
두 자매의 표정에 해밑 같은 미소가 피어오른다.

다음 날 아침, 두 자매는 바베트를 찾아간다.
이제 곧 프랑스 파리로 떠날 그녀와 작별인사를 위해서이다.
그러나 두 자매는 그녀로부터 놀라운 사실을 듣게 된다.
자신은 오래전, 파리 최고급 레스토랑의 일류 주방장이었고,
로벤히엘름 장군이 먹었다던 음식도 자신이 그때
요리한 것이라 밝힌다.
그리고 지난밤 만찬 준비로 '만 프랑'을
다 사용하여 이제는 떠나고 싶어도 떠날 수 없게 됐다고 말한다.
두 자매와 바베트는 서로를 고마워하며 손을 잡는다.


바베트의 만찬, 참 따뜻한 문학이다.
눈으로 읽기만 해도 충분한 포만(飽滿)이다.
결말의 참신함은 차라리 호사(好事)스럽다.
겨자색 빛으로 삶을 담는 화가, 베르메르의 그림이다.
이 작품을 읽은 후,


해체,
해제,


이 두 단어가 섬광(閃光)처럼 다가왔다.
오랫동안, 마을 사람들 가슴속에 '못'처럼 박혀 있었던

'증오'라는 돌덩어리는 바베트의 식탁 앞에서 '해체'(解體)되고,
해체된 그 자리는 이해와 용서로 복구(復舊)되었다.
또한 분노로 반목했던 사나운 눈매는
만찬 앞에서 '해제'(解除)되어
화해, 용납이 청아(淸雅)로 다가왔다.
찬란한 신비이다.

증오의 해체,
분노의 해제,

이것을 가능하게 하는 음식, 그것은 이미 성찬(聖餐)이다.
그렇다. 식물(植物)은 식물(食物)이 아니다.
굶주린 사람에게 베푸는 밥 한 그릇,
그것이 어찌 단순히 식탁 위의 '밥'이겠는가?
그것은 이미 '성찬의 자격'을 지녔다. 틀림없다.

지금까지도 지독히 싫어하는 말이 있다.
그것은 음식을 '게걸스럽게 먹다'라는 말이다.
분명 욕은 아닌데 내겐 욕처럼 들린다.
이 말, '게걸스럽다'는 말은 무슨 뜻인가?
어원을 보면 '게걸'은 '개걸'(丐乞)에서 파생했다.

그것은 '빌어먹는 거지'를 말한다.

즉, 음식을 꼭 '빌어먹는 거지'처럼 먹는다는 뜻이다.

굶주림으로 힘겨웠던 거지, 음식이 얼마나 반가울까.

그러니 거지는 그럴 수 있다. 결코 흉(兇)은 아니다.

그러나 거지가 아닌 사람이 그런다면? 그건 '큰 흉(凶)'이다.

땀, 수고가 담긴 음식 앞에서 넘실대는 감사도,

침윤(浸潤)된 고마움도 생략한 채 게걸스럽게 먹는 음식 행위,

그것은 음식에 대한 반역, 모독이다. 분명 탐식이다.


창세기 18장의 아브라함.

어느 날 정오, 뜨거운 사막을 걸어 자신의 장막 앞을 지나는

지친 나그네 세 명을 발견한 99세의 노구(老軀) 아브라함은

달려가 절을 한 후, 그들의 발을 씻겨 주고

사라와 함께 극상의 음식으로 대접한다.

낯선 나그네를 경계하기보다는 섬길 대상으로 이해하고,

사막 위에 최상의 식탁을 정중히 배설한다.

우중(雨中)의 채광(採光)이다.


사무엘하 9장의 다윗.

몰락한 사울 왕가의 뒤를 이어 이스라엘의 최고 권력자가 된다.

얼마 후 그는 사울 왕가의 남은 마지막 핏줄을 찾아오라고 명한다.

마지막 핏줄? 한 사람이 있었다.

그는 요나단의 아들 므비보셋이다.

다섯 살 어린 나이에 사고로 절뚝발이가 된 채,

숨죽이며 살던 버림받은 왕자였다.

다윗 앞에 엎드린 므비보셋은 두려워 떤다.

권력의 생리(生理)를 알기 때문이다. 이미 자신을 지켜 줄

보호자, 울타리가 다 사라져 버린 비운의 왕자 므비보셋.

그는 순간 자신의 죽음을 예감한다.

그러나 다윗은 그를 일으켜 세운다.

그리고 므비보셋을 자기의 아들들과 함께

평생 같은 식탁에서 음식을 먹게 한다.

퇴락한 정권의 불구자를 왕자로 공식적으로 예우한다.

신구(新舊)권력의 화합이다.


열왕기상 17장의 사르밧 여인.

아합, 이세벨의 바알 국교화 정책에 분노한 야웨는

엘리야를 통해 그 땅에 3년의 가뭄을 투하(投下)하신다.

들의 풀은 말라 사람도 가축도 기근에 시달린다.

가뭄을 선언한 엘리야가 길을 가다가

산에서 나뭇가지를 줍고 있는 한 여인을 만난다.

이 나무를 장작 삼아 '생애 마지막 식사'를

준비하고 있었던 그녀는 가난한 과부였다.

엘리야는 그녀에게 '자신을 위해 식사를 준비하라'고 한다.

그건 부탁이 아니었다. 명령이었다.

그러나 여인은 그 명령에 순응해

가뭄이 끝날 때까지 풍족하게 지낸다.

이 식사로 엘리야도 살고 이 여인도 살았다.

99세 아브라함의 식탁,

다윗의 식탁,

사르밧 여인의 식탁,

그것들은 각각,

지친 나그네를 살렸고,

음지에 숨어 살던 므비보셋을 살렸고,

굶주려 지친 예언자를 살렸다.

이렇듯 음식은 사람을 살리는 신비이며 경탄(敬歎)이다.

그러나 탐식은 탐욕에 젖은 독식(獨食)에 불과하다.

그 자리에는 사람을 살리는 감흥이 없다.

희망이 고통을 선점(先占)하는 벅찬 환희가 없다.

단지 '배부름'만 있을 뿐이다.

대문 앞에 누워 아사(餓死) 직전의 거지 나사로,

그의 배고픈 '신음소리' 앞에서도 무덤덤한 사람이 되어
향락을 즐긴 자색 옷, 베옷 입은 누가복음 16장의 부자의 잔치,
그것은 음식에 대한 반역이요, 배반이다.

누구나 매일 식탁 앞에 앉는다.
마주한 식탁, 분명 '하나'이다.
그러나 '지위'(地位)는 '둘'로 갈라진다.

케르베로스의 과자로,
바베트의 만찬으로.

# 누구나 15분 동안은

불쾌하고 낯선 이름 아파르트헤이트(Apartheid),
1948년부터 남아공이 채택한 흑백분리 인종차별정책이다.
1994년 넬슨 만델라에 의해 철폐되기까지 46년간
지배세력 백인을 위해, 흑인 위에 군림했던 악법 아파르트헤이트,
그것은 곧 헌법적 권위의 폭력이었다. 주요 규정을 살펴본다.

흑인의 토지 소유 금지,
백인과의 결혼 금지,
백인의 버스에 흑인 탑승 금지,
흑인의 노동조합 설립 금지,
흑인의 백인 식당 출입 금지.

참담이다.

지난 30년간 남아공은
금, 다이아몬드, 우라늄의 풍부한 자원이 만든
막강한 경제력으로 아프리카 초유의 부국이 되었다.
그러나 그것은 인구의 10%인 백인의 이야기이다.
흑인들은 여전히 가난했다.
그러나 흑인들에게 가난, 멸시, 아파르트헤이트보다
더 깊은 상처를 준 것이 있었다는 사실,
우리는 알까?
남아공의 존경받는 주교 데스몬드 투투를 통해
이 비애(悲哀)의 역사를 들어본다.

투투 주교는 남아공의 슬프고 아픈 현실을 치유하려는 화해정신이
인정되어 1984년 노벨평화상, 2007년 간디평화상을 수상한다.
그에게 집중된 언론들, 곧 그는 기독교 국가 미국의 초청을 받는다.
미국 방문 중 투투 주교는 과거 아프리카에서 행한
백인 선교사들의 어둡고 슬픈 행위를 들려준다.

"백인 선교사들이 처음 아프리카에 왔을 때,
 그들은 성경을 가지고 있었고 우리는 땅을 갖고 있었다.
 선교사들이 '기도합시다'라고 해서
 그들을 따라 눈을 감고 기도했다.

그런데 기도가 끝난 후 눈을 떠보니,
우리 손에는 그들 성경이 들려 있었고,
선교사들의 손에는 우리 땅이 들려 있었다"

순간 장내는 침묵이 흘렀다. 그 실체는 부끄러움이었다.
아프리카인들의 손을 붙잡고 드렸던 그때 백인 선교사들의 기도,
그것의 정체는 무엇일까? 문득 떠오르는 단어가 있다.

가짜,
그렇다.
그들의 따스한 미소와 언어, 그것은 가짜였다.
어리석을 만큼 순수했던 아프리카인들,
그래서 사람은 누구나 자기들과 같을 거라 믿었던 그들은
뒤늦게 이 기막힌 사실을 알고 어떤 표정을 지었을까?
문득, 팝아트(pop art)라는 새로운 예술 세계를 연
전위 예술가 앤디워홀의 말이 기억난다.

"사람은 누구나 15분 동안은
 특별한 사람처럼 살 수 있다"

그렇다.

사람은 누구나

이익을 위해서라면 15분 동안은 특별한 체할 수 있다.

15분 동안은 천사의 미소, 표정을 지을 수 있다.

15분, 그것은 가짜들이 좋아하는 시간이다.

가짜들이 머무는 '병든 시간'이다.

가짜, 그들은 하루를 '15분 만'의 사람으로 산다.

약한 자 흑인에게 15분 동안만 고마운 친구,

하나님의 사람이었던 그때 그들처럼.

그래서 가짜는 우리를 슬프게 한다.

그러나 불행히도 세상은 이미 '가짜의 시대'이다.


러시아 작가 니콜라이 고골,

그는 희곡을 통해 러시아 관료들의 '가짜, 허위'를 맹폭했다.

1836년 작(作) 「코」를 본다. 제목이 얼굴의 일부인 '코'이다.

아니, 고상한 제목을 놔두고 왜 하필 흉물스럽게 '코'인가?

그러나 다 읽은 후 알았다.

이 책 제목은 반드시 '코'이어야 한다는 분명한 사실을.


사건의 시작은 3월 25일 페테르부르크에서 발생한다.

이 도시에는 이발사 이반 야코블레비치가 산다.

부인에게 무시당하며 사는 소심한 사람이지만,

그것도 행복이라고 여기는 사람이다.
그날 3월 25일의 소박한 아침식사,
뜻밖에 그의 일생을 흔드는 문제가 시작된다. 무엇인가?
그날도 여느 때와 같이 커피도 없이 딱딱한 빵으로
아내의 눈치를 보며 아침을 먹는 이반,
늘 하던 대로 마른 빵에 약간의 소금을 뿌린 후 양파를 넣어 먹는다.
순간, 이반의 표정이 일그러진다.
이어 당황한다. 불쾌한 이물질이 걸린 것이다.

"어, 이게 뭐지?
 아니, 이건 코잖아?
 코가 왜 빵 속에 들어 있는 거지?"

놀랍게도 그 빵 속에는 사람의 코가 들어 있었다.
이를 본 부인은
면도하다가 누구의 코를 잘랐느냐고 악을 쓰며 폭언한다.
술 취한 상태에서 면도한 것이 확실하다며
경찰에 신고하겠다고 협박까지 한다.
그러나 이발사 이반은 아무런 기억도 못한다.
이발사 이반은 갑자기 불안해진다.

"아, 만약
 경찰이 이 사실을 알면
 나는 파멸이야. 이를 어쩌나"


그날 아침식사는 중단되고 이반은 급히 방으로 들어간다.
무엇보다도 그 코를 버려 증거인멸을 해야 했다.
이반은 곧바로 정체불명의 코를 보자기에 쌓아 밖으로 나간다.
그리고 뒤도 보지 않고 다리를 건너 강가로 간다.
그러나 여의치가 않다. 사람들이 자신만 쳐다보는 듯하다.
그는 몇 번의 시도 끝에 그 코를 네바 강(江)에 버린다.
이반이 안도하는 순간, 지나가던 경찰이 이 모습을 보았다.
그는 웃으면서 담배를 권하며 애써 무마를 시도하나
경찰은 의외로 강직했다.
결국 이반은 소환되어 경찰서에서 조사를 받게 된다.


한편, 이 코의 주인은 누구인가? 8등관 관료 코발료프였다.
그는 스스로 자신을 '소령'이라고 소개하는 허세의 속물이다.
그는 자신의 직위에 맞는 구직을 위해 이곳 페테르부르크에 왔다.
그의 꿈은 부지사, 회계 감찰관이었다.
또한 여자를 좋아했다. 하지만 결혼만큼은 오직,
지참금 20만 루블을 지불할 재력이 되는 여성만 가능했다.

삶, 생각 모두가 허세로 채워진 전형적 러시아 관료였다.
그날 아침, 코발료프는 여느 때와 같이 침대에서 일어난다.
어제부터 신경 쓰인 콧등의 여드름이 궁금하여 만져 본다.
어? 그런데 이게 무슨 일인가? 아, 코가 없다.
거울로 몇 번 확인해 봐도 코가 없다. 아니, 이럴 수가 있는가?
코에 발이라도 달렸단 말인가?
그는 곧 침대에서 나와 손수건으로
코 부분을 가리고 밖으로 나가
다시 제과점 거울에 얼굴을 비춰 본다.
분명 코가 없었다. 그는 주저앉아 오열한다.


잠시 후, 그가 수건으로 코를 가린 채 집으로 돌아가려는 순간,
도로 앞 마차 문이 열리면서 5등 문관 제복을 입은 관료가 내린다.
멋있고 화려한 모습이다. 그런데 이게 무슨 조화란 말인가?
눈앞에 있는 5등 문관이 바로 자신의 '잃어버린 코'가 아닌가?


"아니, 어떻게
 내 코가 5등 문관이 됐지?
 그리고 어떻게 걸어 다닐 수 있는 거지?"


눈으로 보고도 믿을 수 없는 이 상황, 그는 당혹스러워 말을 잊는다.

이때 마차로 떠나는 5등 문관,
그는 급히 그 문관, 아니 자기 코를 쫓아간다.
곧 코발료프는 카잔 성당에서 5등 문관을 만나게 된다.
그는 기도 중이었다.
갈등 후 코발료프는 5등 문관에게 말을 꺼낸다.

"실례하지만, 당신은 제 코입니다.
 다시 제게 돌아와 주셔야겠습니다"

이 말에 "당신 미쳤어? 무슨 소리하는 거야"하며 불쾌해하는 코.
그는 다시 마차를 타고 급히 떠나 버린다. 분노한 코발료프는
그를 고발하기로 하고 급히 마차를 불러 경찰청으로 달려간다.
그러나 마침 경찰청장은 부재였다. 마음이 초초해진 그는 할 수 없이
신문사에 광고를 내기로 한다. 다시 신문사로 달려가는 코발료프,
그러나 코발료프로부터 광고 내용을 들은 신문사 직원은 한심한 듯
그를 조소하며 이런 허황된 광고를 기재하면
신문사 신뢰도에 문제가 생긴다며 거절한다.
아, 이제 영영 내 코를 찾을 방법은 없는 것인가?

이때, 한 경찰이 코발료프를 찾아온다.
잃어버린 코를 찾았다는 것이다.

이 사실을 믿을 수 없었던 코발료프,
확인해 보니 아, 자신의 코가 맞았다.
그는 코를 가린 손수건을 던지며 기뻐한다.
그리고 급히 집으로 돌아와 코를 붙여 본다.
그러나 이를 어쩌랴, 코가 얼굴에 붙질 않는다.
이제 그는 마지막 방법으로 의사에게 도움을 받기로 결심한다.
그러나 의사도 코를 붙이지 못한다.
오히려 실력 부족을 감추려는 듯,

"소령님, 코를 붙이는 것은
 오히려 지금보다 더 보기 좋지 않네요.
 그냥 이대로 지내시지요"

의사가 가버린 후 그는 주저앉는다.
어느 덧, 코발료프의 코가 시내에 걸어 다닌다는 소문까지 퍼진다.
그 코를 구경하기 위해 몰려든 사람들,
코발료프는 절망의 한숨을 쉰다.

그러던 어느 날 4월 7일, 운명의 날이 온다.
아침에 침대에서 일어난 코발료프가 습관적으로 거울을 본 순간,
놀랍게도 그동안 떨어져 있었던 코가

다시 얼굴에 붙어 있는 것이 아닌가?
믿을 수 없어 다시 거울을 보는 코발료프, 꿈이 아니었다.
그건 틀림없는 사실이었다. 분명 코가 얼굴에 붙어 있었다.
그는 소리를 지르며 환호한다.
그는 돌아온 코를 만지며 행복해 한다.

고골의 소설 「코」는 이렇게 끝난다.
처음 이 소설을 읽고 느낀 것,
"어, 이게 뭐지?", 사실 이것이었다.
그러나 잠시 후 감탄했다. 작가의 묘한 '비틀기'를 보았기 때문이다.
작가에게 있어, 누가 코발료프의 코를 베었는가?
이것은 중요하지 않다. 그의 관심은,
한낱 그 작은 코가 어떻게 고위관료 5등 문관이 되었으며,
또 가짜 사람, 그 코가 어떻게 대낮에 당당히 활보했냐는 것이었다.
그리고 이런 심각한 사실을 어떻게 아무도 몰랐냐는 것이었다.

그랬다.
고골의 작(作) 「코」는 사람 아닌 코가,
사람의 모습으로 행세, 활보해도
그 가짜의 허위가 충분히 통(通)하는 현대의 얄팍함을 드러낸다.
또 한편, 세상을 쉽게 기만할 능력을 갖춘

가짜의 '무서운 교묘함'을 경고한다.
젊은 사람은 '좋다'와 '싫다'만 본다. 그러나 삶을 조금 알게 되면,
이것 외에 보이는 것이 하나 더 있다. 그것은 '진짜'와 '가짜'이다.

북미의 라코타 사람들, 그들이 나누는 짧은 강화를 들어본다.
할아버지가 손자에게 묻는다.

"얘야, 사람 마음속에는
두 마리의 늑대가 산단다.
한 마리는 착한 늑대인데,
너에게 감사, 용서하라고 속삭인단다.
다른 늑대는 나쁜 늑대인데,
너에게 분노, 탐욕을 가르친단다.
그런데 이 두 늑대는
네 마음속에서 항상 다투고 있단다.
이 두 늑대가 싸우면 누가 이기겠니?"

손자는 고개를 갸우뚱거린다.
할아버지는 미소를 지으며 말한다.

"그거야,

네가 먹이를

　주는 놈이 이기지"

맞다. 내가 먹이를 주는 늑대가 이긴다.
먹이란 분명 내가 좋아하는 늑대에게 던져 주게 되어 있다.
그러니 당연 내가 먹이를 주는 쪽이 이긴다. 틀림없는 사실이다.
세상에 가짜가 득세하는 것은 우리가 가짜에게 먹이를 주어서이다.
그래서 '15분 만'의 가짜가 '힘' 있게 활보하는 것이다.
탁월한 변증가 C.S. 루이스는 말한다.

"사탄은 우리로 하여금

　가짜를 선택하게 만든다.

　그리고 이것에 실패했을 때,

　그 차선책으로 계속 가짜를

　진짜만큼 좋아하도록 만든다"

C.S. 루이스의 경고는 외과의사의 예리한 칼, 그것이다.
기억하라. 5등 문관의 '코'는 지금도 살아 있다.
여전히 우리 곁에서 유유히 선회(旋回), 유세(有勢) 중이다.
그리스인들이 혐오했던 단어, 그것은 두 개이다.

대충,
함부로,

그리스인들은 이것을 '범죄'라고 규정했다.
기원전 5세기, 그리스 아테네 정치가 페리클레스가
민회에게 보낸 편지의 일부이다.

"적당히 사는 게으른 자에게는
 어떤 호의도 베풀지 마라.
 그것은 분명 신의 분노를
 촉발시키는 분명한 범죄이다"

그랬다.
그리스인에게 있어 '사람다움'이란,
자신, 타인 앞에 늘 '마음을 다하는 것'이었다.
그들에게 15분은 없다. 15분 만의 '최선'은 혐오였다.

소설 「모비딕」, 1851년 허먼 멜빌의 대작이다.

여기에 한 인물,
모비딕이라 불리는 '거대한 고래'에게 한쪽 다리를 뜯겨 불구자가 된 늙은 선장 에이하브가 있다.

그는 이 분노, 좌절을 잊으려 싸구려 술집을 찾는다.

자신의 삶을 절망으로 탕진한다.

그래도 그가 죽지 못하고 사는 이유,

그것은 자신을 파멸로 이끈

거대한 악마 모비딕에 대한 복수 때문이다.

그는 이 사실을 잊지 않기 위해

고래 뼈로 의족을 만들어 사용한다.

모비딕을 잡을 날만을 기다리던 중,

드디어 모비딕을 잡기 위한 두 번째 항해를 떠나게 된다.

거센 파도 위를 질주하는 피쿼드 호(號),

긴 기다림 끝에 흰 고래 모비딕을 만난다.

얼마나 기다리던 순간이었던가?

섬광처럼 빛나는 에이하브의 눈, 그는 작살을 힘 있게 잡는다.

바다를 응시하는 그의 눈이 매섭다.

이어지는 모비딕과의 3일간의 싸움,

만만치 않은 모비딕과 에이하브, 서로가 생명을 건 사투를 벌인다.

드디어 집념의 에이하브가 모비딕의 '등'에 작살을 꽂는데 성공한다.

순간 역습을 당한 모비딕은 몸부림을 친다. 온 바다가 요동한다.

모비딕은 살기 위해 바닷속으로 깊이 잠수한다.

그러나 이 녀석을 놓칠 수 없었던 에이하브는 갈등한다.
이대로 작살을 계속 붙잡고 있으면 자신이 죽는다.
반면 이 작살을 놓으면 살 수 있다.
선택을 해야 했다. 곧 에이하브는 결정한다.
그는 모비딕의 등에 꽂은 작살 잡은 '그 손'을 놓지 않는다.
그는 모비딕과 함께 깊은 바다 심연으로 사라져 버린다.
자신이 생명처럼 아꼈던 그의 분신 피쿼드 호(號)와 함께.

에이하브와 모비딕, 그들의 '3일간'의 처절한 싸움,
이 '싸움의 승자'가 누구냐고 섣불리 질문하지 마라.
그것은 죽이기 위해 최선을 다한 에이하브,
그리고 살기 위해 최선을 다한 모비딕,
그 둘을 함께 모독(冒瀆)하는 일이다. 예의가 아니다.

우리의 관심,
그것은 에이하브가 3일간 보여준 삶의 '치열함'에 있어야 한다.
자신이 설정한 목적을 이루기 위해
자신의 전부를 기꺼이 재가 되도록 소각시켰던 그 뜨거운 삶,
거기에 시선을 두어야 한다.
에이하브, 그는 '진짜' 사람이었다.

또한, 84일 동안의 실패를 딛고 85일 째,
다시 물고기를 잡으러 멕시코 만류로 떠나는 늙은 어부,
드디어 기다리던 '큰 고기'를 포획하지만
돌아오는 길에 상어에게 모두 뜯겨,
그가 항구에 도착했을 때
남은 것이라곤 앙상한 물고기의 뼈뿐.
그러나 그 시련을 겪고도 그 다음 날,
새로운 고기잡이 항해를 위해 배, 그물을 점검한 후,
잠자리에 누워 사자 꿈을 꾸는 늙은 어부,
그는 헤밍웨이 작(作),「노인과 바다」의 어부 산티아고이다.
그 역시 분명 '15분 만'의 위선을 거부하고
자신을 '진짜'로 채우며 산 사람이다.

'15분 만'의 '가짜'가 그 어떤 저항도 없이 사회의 상식으로 편입된 지
이미 오래, 가슴이 먹먹해져 잠시 '가벼운 우울증'에 신음한다.

참 땀,
참 눈물,
참 격려,
참 부끄러움,

이것들과 함께 뜨겁게 '하루'를 사는 사람, 많이 보고 싶다.
그러나 이런 사람들이 쉽게 보이지 않는다.
그들은 어디에 '숨어 있는' 것일까? 이 땅에 남아 있기나 한 것일까?
잠깐, 이 세상을 점거한 가짜들의 당당함에 절망을 앓아 본다.
그러던 어느 날, 신약성경에서 희망을 보았다.


"나다나엘아,
 너는 참 이스라엘 사람이구나.
 네 속에 간사함이 없도다"(요한복음 1:47)


예수 그리스도께서 빌립의 손에 이끌려 나오던
벳세다 마을의 젊은 비관론자 나다나엘에게 하신 말씀이다.
이 말씀, 세상에 아직 '참'이 살아 있다는 긍정이다.
그러니 이제 '세상은 희망 없어'라는 단언,
그것은 잘못된 '판결'이다.


삶을 조금씩 알아가면서 좋아진 그림이 있다.
조지 프레드릭 와츠의 1886년 작(作) "희망"이다.


"희망"이라는 그림,
둥근 지구 위에 앉은 한 소녀,

그녀가 수금을 들고 연주하는 그림이다.

그런데, 이 소녀의 모습이 특별하다.

위태롭게 둥글고 큰 공 위에 앉아 있다.

소녀는 맨발이다. 소녀의 눈은 '흰 천'으로 가려져 있다.

그리고 소녀가 잡고 있는 악기,

그 수금의 현은 다 끊어지고 오직 한 현만 덩그러니 남아 있다.

이것이 이 그림의 간략한 구도이다.

잠시 생각해 본다. 그러자 곧 염려가 엄습한다.


"아, 이런 상태에서
 연주가 가능하겠는가?"


사실, 우리는 이 소녀의 연주회가 열릴 수 없음을 이미 알고 있다.

그렇다면 이 그림의 제목은

"희망"이 아닌 "절망"이어야 옳지 않은가?

그런데도 이 그림의 제목은 여전히 "희망"이다. 왜 그런가?

그것은 끊어진 현의 악기에도 불구하고,

이 소녀가 '여전히' 악기를 '손'에서 '내려놓지' 않았기 때문이다.

소녀는 지금 '자신만의 방식'으로 연주하고 있다.

다만, 우리 귀에 들리지 않을 뿐이다.

자신의 연주에 스스로 도취되어 발화(發火)하는 그 빛,

어우러져 피어오르는 그녀의 깊은 평안을 보라.
이 그림의 제목, 분명 "희망"이 맞다.
가짜가 활보하는 이 현실에 희망도 '사치'라고 한숨을 쉬고 싶을 때,
이 그림은 "아니다"라며 격려한다.
그래서 이 그림이 좋다.
화가 와츠는 작품 후기(後記)에 이렇게 썼다.


"세상은 늘 나에게 절망을 안겨 주었다.
 그렇지만 나는
 그런 세상에게 오히려 희망을 들려주고 싶었다"


그렇다. '희망'만이 '희망'이다.
잠든 자는 '꿈'을 꾸지만, 눈뜬 자는 '희망'을 꾼다.
희망은 '눈뜬 자가 꾸는 꿈'이다. '낮 꿈'이다.
그래서 '희망'은 '힘'이 세다. 희망은 아름다운 '권력'이다.
순수했던 혁명가 체 게바라, 그는 말한다.


"혼자 꾸는 꿈은 몽상이지만,
 함께 꾸는 꿈은 현실이 된다"


그렇다.

'진짜들'이 모여 함께 꿈을 꾸면
'15분의 사람들'이 부끄러워 고개 떨구는 세상으로 바뀐다.
그러니 진짜들이 움직여야 한다.
만약, 진짜들이 적극적으로 세상을 변화시키려 하지 않는다면,
세상은 오히려 우리를 '자기들처럼' 만들어 버릴 것이다.

지금,
주머니에서 시계를 꺼낸다.
그리고 일부러 분침(分針)을 '15분'에 맞춰 본다.
그리고 낮은 목소리로 '15'라는 숫자를 세다가
문득 잠이 들었다.

그날 밤,
나는 내 시계 속
'15'라는 숫자를,
지우개로 지우는 꿈을 꾸었다.
그리고 행복했다.

# 그대의 삶, 해어화처럼

좋아하는 꽃이 있다.
그 꽃, 해어화(解語花)이다.
해어화? 처음 듣는 꽃인데 이런 꽃이 있었나?
맞다. 이 꽃은 화원(花園)에는 없는 꽃이다.

해어화, 이 꽃은 예(禮), 지(智), 현(賢)을 갖춘
'아름다운 여인'을 말하는 문학적 시어이다.
여성이 들을 수 있는 극치(極致)의 찬사이다.

그러나 나는 '해어화'라는 '이름 그대로'가 좋다.
해어화, '사람의 말을 이해하는 꽃'이라는 뜻이다.
사람도 사람의 말을 잘 이해 못하는 세상,
그래서 오해, 다툼, 분노로 출렁이는데,

꽃이 '사람의 말'을 이해하고 고개를 끄덕여 준다니
이건 경이(驚異)가 아닌가?
이런 꽃, 곁에 두고 '삶'을 많이 이야기하고 싶다.

그러하다. 사람은 '서로' 해어화가 되어야 한다.
서로의 불편을 이해(解語)해 주고,
그 사람의 아픔을 납득(解語)해 주는 관계,
그것이 해어화에 담긴 철학이다.

성서의 민족, 히브리인들이 사랑하는 단어가 있다.
그것은 '첼라'(chela)이다.
그 원의(源意)는 '심장'(心腸)을 보호하기 위해 있는
24개의 '갈비뼈'를 말한다.
그러나 놀랍게도 히브리인들은
'첼라'라는 말을 '친구'를 가리킬 때 사용한다.
무슨 이유에서일까?
아마 그것은 갈비뼈(첼라)가 지닌 기능에서
친구의 역할을 보았기 때문이었을 것이다.
곧 갈비뼈가 사람의 심장을 보호하기 위해
때로 마땅히 부러지고 부서지기도 하듯이,
참 친구라면 갈비뼈처럼 자신의 친구를 위해

책임과 그에 따르는 고통까지 감내할 수 있어야 한다는
생각이었으리라.
이렇듯 히브리인에게 있어 벗이란,
서로의 결핍, 필요를 언제든지 이해해 주는 해어화이어야 했다.

삶을 알아가면서 소중한 것, 좋아하는 것들이 많아져 기쁘다.
젊었을 때는 거슬리는 것, 싫어하는 것이 유독 눈에 보여 불편했다.
그래서 세상과 참 많이 싸워 삶은 늘 불화(不和)했다.
봄이 와도 여전히 겨울을 살았다.
그러나 소중한 것에 대한 목록이 늘어가면서 잃어버렸던
숨고르기, 여유를 선물로 받았다.
진득이 바라보며 기다릴 수 있는 '시간'도 벌었다.

시인 류시화.
잠언(箴言) 색깔이 입혀진 그의 시,
"그는 좋은 사람이다"를 꺼낸다.

"그는 좋은 사람이다
 발 뒷굽이 닳아 있는 걸 보면

 그는 가난한 사람이다

주머니에 기도밖에 들어 있지
않은 걸 보면

그는 아름다운 사람이다
많은 흉터에도 불구하고
마음 깊숙이 가시를 가지고 있지
않은 걸 보면"

시인은,
발 뒤 굽이 닳은 사람,
주머니에 '기도'가 들어 있는 사람,
마음에 '가시'를 품지 않고 사는 사람,
이런 사람들을 주목했다. 그리고 이런 사람들을
좋아한다고 조심스러우나 분명히 말한다.

그렇다.
발 뒤 굽이 닳은 사람,
그는 땀, 수고를 자산(資産) 삼아 사는 '바른 사람'이다.
주머니에 기도가 들어 있는 사람,
희망, 꿈을 아침 식탁 위 음식으로 삼는 '맑은 사람'이다.
마음에 가시가 없는 사람,

원망, 서운함을 가볍게 제압하며 사는 '강한 사람'이다.
사실 나도 좋아하는 사람, 좋아하는 것이 있다.
불평을 부탁처럼 할 수 있는 사람,
쓴소리를 단 소리처럼 할 수 있는 사람,
분노의 표현 방식이 침묵, 미소인 사람,
삶에서 '감탄사'가 많은 사람,
약한 자에게 무례하지 않는 사람,
힘이 '있는 사람'보다 힘이 '되어 주는' 사람,
기도언어보다 생활언어가 더 아름다운 사람,
좋은 일 만난 그 벗을 위해 가장 먼저 기립박수 치는 사람,
비 오는 날, 우산 두 개 준비하여 나가는 사람,

또한 더불어 좋아하는 '것'이 또 있다.
참기름 냄새, 특히 숯불에 살짝 구워진 김에,
소금 뿌려 바르는 참기름 냄새가 좋다.
비 오는 날 강의를 마친 후, 식탁에 앉을 때는 더욱 그렇다.
알프레드 테니슨 시집을 한 손에 들고,
마냥 읽으며 먹는 맛, 참 소박한 풍요이다.
부러운 것, 별로 없다.
구운 김 하나로도 한 끼 식탁이
베르사유 루이 14세의 황금식탁이 될 수 있다는 신비를 본다.

피아니스트 미켈란젤리,

그가 타건(打鍵)하는 피아노 소리가 좋다.

1985년 라이브로 연주한 쇼팽의 발라드 1번,

스케르초 2번을 들어보라.

부서질 듯 여리고, 비칠 듯이 투명하다.

명주실만큼, 촘촘하고 섬세한 극세사(極細絲) 바로 그것이다.

88개의 피아노 음 하나 하나의 입자(粒子)가 견고해 날림이 없다.

빠른 패시지에서도 음의 경계, 윤곽이 명확한 음향이다.

아, 음에는 '색'(色)을 너머 '빛'도 있음을 증명한다.

불순물이 제거된 창백(蒼白)을 입힌 음향이다.

음을 수축, 확장하는 루바토에선 '레가토'의 의미를

어떤 사전보다 더 정확히 해석해 준다.

글을 쓸 때, 곁에서 그의 연주가 들리지 않으면

한 단어도 망각(忘却)에서 기억(記憶)으로 옮겨지지 못한다.

피아노라는 타악기를 굉음(轟音)에서 해방시킨

참 거장, 이런 피아니스트, 다시 만나긴 어려울 듯싶다.

지금은 세상을 떠난 미켈란젤리, 그가 참 그립다.


CBS 김필원 아나운서,

이분 목소리를 참 좋아한다.

지난 12월 겨울, 아끼던 동서(同壻) M,

그 아우를 아무 준비 없이 저 먼 하늘로 보낸 날,
하늘은 내게 온통 잿빛의 우울이었다.
참 아우였던 그를 그날 차디찬 땅에 묻고,
또 한 번 그리움과 함께 가슴에 묻은 후,
나는 처음 '감추지 못한 울음'을 터트렸다.
그때, 차 안에서 들린 김필원 아나운서의 음성,
그것은 11월 가을 서리의 '청량'(清凉)이었다.
새벽이슬 '톡' 터지는 화려한 '명징'(明徵)이었다.
초서체로 그려진 세밀화, 하얀 눈 속 초록 풀잎이었다.
그건 어둠, 우울, 무거움이 휘발(揮發)된 렘브란트 색상이었다.

맑은 청음(清音),
정확한 발성,
선명한 발음,
양각(陽刻)의 음감(音感),

그분의 음성, 피아노 음계 '레'와 '미' 중간의 목소리이다.
진한 중독성(中毒性)을 뿜어낸다. 들어본 목소리 중 최상이다.
좋은 목소리도 '선한 권력'이 될 수 있음에 순간 전율한다.
그분이 발성하는 '한 단어'에는 여러 색상의 스펙트럼이
함축되어 뿌려진다. 그래서 그의 언어는 번지지 않고

귀에 그대로 꽂히는 '촉 화살' 같은 음성이다.

경쾌와 고결,
투명과 그늘,
맑음과 우수(憂愁),

이 공존할 수 없는 두 목소리가 전혀 충돌 없이 조화를 이룬다.
이분을 아끼시는 하늘의 선물인 듯싶다.
음의 결에 여백(餘白), 깊이를 담고 있는 오미희 님,
그분과 비견(比肩)되는 하늘의 소리이다.
김필원 아나운서 그분의 목소리가
오늘도 하루를 '천년의 무게'로 사는 약한 자들에게
더운 날, 솔바람으로 힘 있게 날아가길 소망한다.

한편, 사막교부들, 그들도 좋아하는 것이 있었다.
그것은 '아레테'(arete)가 되는 것이었다.
아레테, 그것은 무엇인가?

"하나님,
 사람,
 자신 앞에

최상, 최고, 탁월한 인격체"

이것이었다.
또한 아레테가 되기 위해 '헤시키아'를 선택했다.
헤시키아, 그리스어로 '고요, 정적'을 의미한다.
세속에의 감염(感染)으로부터 자신을 방역(防疫)하기 위한
수단인 깊은 '묵상'을 말한다. 그리고 이 헤시키아를 통해
교만, 시기, 분노, 나태, 탐욕, 탐식, 정욕으로부터
흔들리지 않는 평정을 얻으려 했다.
그리고 그렇게 해서 획득한 마음의 평정, 고요를
'아파테이아'라고 말한다.
그들의 생애를 지배한 세 단어, 그들이 좋아했던 하늘 언어,

아레테,
헤시키아,
아파테이아,

이것들, 이제는 구하기 쉽지 않은 절품(切品)이다.
이것들, 자신과의 오랜 불화(不和) 속에서만 모습을 드러내는
천리향(千里香), 신성한 전리품이다.
이것들을 얻기 위해 자신의 수면(睡眠)까지 기꺼이 희생했던

아레테의 사람들의 고백을 들어본다.

"수도사 아가톤,
 그는 3년간 자신의 입에 세 개의
 검은 조약돌을 넣고 다녔다.
 그런 후에야 그는 침묵을 배웠다"(아가톤 15)

"한 수도사가 길을 걷다가,
 길 맞은편에서 자매들이 오는 것을 보고
 길을 바삐 피해 갔다.
 이것을 지켜보던 사막 은둔자는 말한다.
 저들이 온전한 수도사였더라면,
 이 자매들이 '여자'라는 생각조차
 안 들었을 텐데"(무명모음집 154)

그 사람의 과거(過去)는 그 사람의 미래(未來)이다.
그 사람이 과거 무엇을 좋아했었는가는
그의 미래를 결정짓는 '촉매'(觸媒)이기 때문이다.
그럼 그대, 지금 무엇을 좋아하고 있는가?

작가 라이너 마리아 릴케,

그의 산문집 「하나님의 손 이야기」,
여기에 수록된 14개의 아름다운 산문 중,
"왜 러시아에 배신이 찾아 왔는가"를 본다.

야심, 독선의 러시아 황제 이반 바실리예비치,
어느 날, 러시아의 국고 보충을 위해
영주들에게 3개월 안에 황금 12상자를 세금으로 내라고 요구한다.
그러나 영주들은 결코 만만치 않았다.
그들은 황제에게 묘한 조건을 역(逆) 제시한다.

"황제여, 우리가 내는 세 가지
수수께끼를 푼 후, 3개월 후에
흰색 돌이 있는 동방으로 오십시오"

이게 무슨 소리인가? 황제는 혼란스러워 신음한다.
어느 덧 시간이 흘러 약속된 날짜가 다가왔다.
황제는 수수께끼의 답도, 흰색 돌이 있는 곳도 모른 체
불안 속에 길을 떠난다.
초조한 마음으로 길을 가던 중,
황제는 홀로 힘겹게 지붕을 쌓는 노인을 만난다.
그 노인은 400개나 되는 목재를 '하나씩'만 들고

끊임없이 지붕에 오르내리고 있었다.

이것을 멀리서 바라보던 황제,
'여러 개'를 한꺼번에 들고 가면
그 일이 쉽지 않겠느냐고 충고하며 실소(失笑)한다.
그러나 노인은 말없이 웃을 뿐이었다.
황제는 노인을 돕기 위해 말에서 내린다.
이후, 황제는 그 노인과 잠깐 대화를 나누던 중,
뜻밖에 세 수수께끼의 답, 흰색 돌이 있는 곳을 알게 된다.
황제는 그 노인에게 감사를 표한 후 떠난다.
그때, 떠나는 황제에게 노인은 부탁을 하나 한다.

"황제여,
 만약 당신이 영주들로부터
 황금 12상자를 받게 되면,
 12번째 상자는 내게 주시오.
 반드시 12번째 상자여야 하오"

황제는 기꺼이 허락한다.
얼마 후, 황제는 영주들을 만났고,
세 문제를 풀어 황금 12상자를 얻는다.

황궁으로 돌아온 이반 황제는 환희, 기쁨으로
12개의 황금 상자를 하나씩 열어본다.
상자 뚜껑이 하나씩 열릴 때마다 황금빛이 그의 눈을 기쁘게 했다.
그리고 이제, 문제의 마지막 12번째 황금 상자 순서이다.
사실 그것은 노인의 몫이었다.
그러니 굳이 열어 볼 필요가 없었다.
그러나 황제는 궁금했다.

"왜 하필 그 노인이 12번째 상자를 요구했지?
 혹, 이 상자에 더 많은 황금이 들어 있는 것은 아닐까?
 아니면, 내가 모르는 어떤 다른 비밀이 있는 것일까?"

호기심은 조심성 많은 고양이도 죽게 하는 법,
이것에 흔들리던 황제, 결국 상자를 열어 본다.
그런데 12번째 황금 상자는 11개의 황금 상자와 다를 것이 없었다.
똑같은 양과 무게의 황금이었다.
어, 똑같네? 하며 상자의 뚜껑을 닫았는데 이게 웬일인가?
12번째 황금 상자 뚜껑을 닫는 순간,
황제는 갑자기 그 12번째 황금을 노인에게 주기가 아까워진다.
갈등하던 황제, 잠시 후 신하에게 명령한다.

"이 황금을 다 걷어내고
 그 속에 흙을 넣어라"

해서는 안 될 교활(狡猾)한 속임수였다.
신하는 12번째 황금 상자를 노인에게 주기 위하여 마을로 간다.
멀리서 이를 바라보던 노인은 이를 미리 예감한 듯 말한다.

"그대여, 그만 돌아가서 황제에게 전하시오.
 지금까지 러시아에서는 배신(背信)이란 말이 없었소.
 이제 황제 당신이 그 배신을 처음 러시아에 들어오게 했소.
 앞으로 이 러시아는 당신이 만든 이 배반으로 몰락할 것이오"

그 노인의 말은 적중했다.
이 후, 러시아는 '배반'이 만든 반란으로 몰락한다.
황제 이반 바실리예비치,
그는 신의(信義)보다 황금을 더 좋아했다.
그러나 그는 몰랐다. 자신이 약속을 배반할 때,
황금도 그를 강하게 배반한다는 평범한 사실을.

생텍쥐페리의 「어린 왕자」,
어린 왕자가 아침에 일어나 매일 한 일은 '두 가지'였다.

하나는 언제 터질지 모를 위험한 '화산'을 청소하는 일,
또 하나는 매일 무섭게 자라는 '바오밥 나무'의
많은 뿌리들을 뽑는 일이었다.
그렇다. 황금에 대한 집착,
그것은 언제 분화(噴火)할 줄 모르는 휴화산이다.
삶을 심연으로 하강시키는 바오밥 나무의 거친 뿌리이다.
그러니 어린 왕자처럼 아침마다 그것을 끊어 내야 한다.
그래야 나의 별, 나의 소중한 생(生)이 안전하다.

이런 사람들, 한결같이 눈빛이 맑다.
아레테를 사랑했던 사막교부, 한없이 눈빛이 맑았을 것이다.
자신들의 눈을 흐리게 하는 소품(小品)으로부터 이미 오래전
망막을 돌렸기 때문이리라. 또한 자신의 생(生)에
오해, 비방 같은 세찬 빗줄기의 우기(雨期)가 와도,
싸늘한 눈을 뜨고 상대방을 노려보기보다,
목젖 안으로 그 고통을 삼킬 줄 아는 '속 깊음'이 있기에
그들의 눈빛은 마냥 수정(水晶)같이 맑았으리라.

4세기 석학(碩學) 아타나시우스,
사막의 은둔자들을 만난 이후의 술회이다.

"나는 그들에게서,
 세상에서 가장 '맑은 눈빛'을 보았다.
 어린아이조차 잃어버린 그것이
 놀랍게도 그곳에 있었다"

그러나 이런 '맑은 눈'이 실종(失踪)된 지 이미 오래,
지금은 살기(殺氣), 분노로 핏기 서린 눈들이
짙은 선글라스 뒤에 감춰져 있다.
사람들의 눈이 왜 이렇게 무서워졌는가?
윤리학자 라인홀드 니버의 말이다.

"이 시대는 분노의 시대이다.
 사람들이 지닌 적대감, 사나움,
 그것은 이미 위험수위를 넘었다"

그렇다. 분노, 적대감이 우리의 눈빛을 바꿔 버렸다.
맑고 투명한 눈빛을 충혈(充血)로 오염시켰다.
윌리엄 셰익스피어는 희극 「오셀로」에서
이런 눈을 '녹색 눈의 저주'라고 말한다. 왜 녹색 눈인가?
어둔 밤, 먹잇감 쥐를 발견한 고양이, 이어 그 먹잇감을
삼키기 위해 어둠 속에서 날카롭게 쥐를 노려보는

고양이의 살벌한 녹색 눈, 작가는 분명 그것을 보았으리라.
수전노 노파를 사회의 악으로 규정하고,
이런 노파는 지상에서 제거해야 한다며 도끼를 들었던,
「죄와 벌」의 라스콜리니코프 눈빛, 분명 녹색이었으리라.

오스카 와일드의 1860년 작(作) 「도리언 그레이의 초상」,
그 속의 아름다운 청년 도리언, 자신의 추악한 비밀을
감추기 위해 자신을 아껴주던 화가 바질 홀워드를
살해할 때의 그 눈빛, 그것도 분명 '녹색'이었을 것이다.

어둔 들판에서 주위를 살핀 후,
돌을 들어 피붙이 아우 아벨을 살해할 때의
가인의 눈빛도 그러했을 것이다.

엘라 골짜기에서 블레셋의 골리앗을 제압한 다윗,
그리고 다윗의 귀환에 맞춰 환호하는 여인들의 노래에
분노하던 사울의 눈빛, 틀림없는 '녹색'의 빛깔이었으리라.

단테의 「신곡」, 지옥 편 제 15곡을 본다.
단테가 지옥의 제 7고리를 베르길리우스와 지나간다.
그곳은 지옥의 강 플레케논이 흐르는 곳이다.

지옥에서조차도 가장 참혹한 장소이다.
플레게논은 '물'이 아닌 '피'가 흐르는 강이다.
더구나 그 피는 쇳물처럼 뜨거웠다.
그 강을 보던 단테는 기겁을 한다.
그 핏물 속에 자신의 스승이었던 부르네토가
고통을 당하고 있었던 것이다. 이게 어찌된 일인가?
스승에게 어떤 사람들이 이곳에 던져지는지를 묻는다.

"폭언과 분노로
 눈빛이 살기(殺氣)로
 불타던 사람"

분노가 치솟을 때 우목(牛目), 곧 '소의 눈'을 보라.
그 속에 담긴 소박(素朴), 순박(淳朴)을 보라.
녹색 눈을 이기는 뜻밖의 강한 '힘'이 거기에 있다.

세상에는 소중한 일, 귀한 일들이 있다.

문학, 그림,
음악, 정치,
성직, 교육,

그러나 이런 소중한 일들,
아무나 해서도, 아무에게나 맡겨서도 안 된다.
죽은 물로는 술도 담지 않는 법이라 한다.
그러니 이런 일, '눈빛이 맑은 사람'이 해야 한다.
그래야 그 일들이 속화(俗化)되지 않는다.
아, 그립다. 눈빛이 맑은 사람.

이제 우리,
거울 앞에 한번 서 보는 것은 어떤가?
저들처럼,
예뻐지기 위해서가 아니다.
마냥 '깨끗해지기' 위해서이다.
또한 애써 외면했던
나의 '눈빛'이 궁금해서이다.

# 거짓은 다리가 짧다

16세기, 카르멜 수도사 십자가의 성 요한,
그가 바닷가를 거닐던 중, 제자에게 말한다.

"물 위로 걷는 것만 기적이 아니다.
 땅 위를 바르게 걷는 것도 기적이다"

순간 당혹(當惑)스럽다.
놀란 내 표정을 누가 보았을까 두려워 주위를 살핀다.

죽음 없이 살아서 하늘로 이주(移住)한 에녹, 엘리야.
단 하루의 예외도 없이, 40년간 만나와 구름기둥, 불기둥으로
찾아오시고 이끄셨던 출애굽 여정.
막강한 군사력의 아말렉과의 급박한 대치(對峙)에서

두 손을 들어 태양의 운행을 연착(延着)시킨 모세.
700년 동안 썩고 죽은 물로 아파하던 여리고의 수원(水源)을
소금 한 줌으로 치유해 그 도시를 살렸던 엘리사.

붉은색이 어떤 것인지, 푸른색이 무엇인지 모른 채 살아왔던
무색(無色) 세계의 벳세다 소경, 그의 손을 붙잡고
마을 밖으로 나가 색의 진미(珍味)를 보게 하신 예수 그리스도.
디베랴 호수의 거친 파고(波高)를 발아래 두고 걷던 베드로.
독사에 물려 죽음에 이른, 낯선 멜리데 섬 원주민을 손수건
한 장으로 너무 쉽게 살린 사도 바울.

적어도 이것들만큼 멋있고, 웅장하며, 경탄스러워야
비로소 '기적의 자격'이 있다고 열광하던 내게,
이 말은 냉정한 '일침'(一針)이다.
잠깐, "기적이 그렇게 쉽고, 평범한 것일 수 있냐"고,
또 "그 정도가 기적이면, 엘리사가 뭣 때문에 엘리야에게
갑절의 영감을 갈망했겠느냐" 항변(抗辯)도 해 본다.
그러나 지금, 내 스스로 항변을 기각(棄却)한지 오래이다.
요한의 이 말, 성경적 진실이기 때문이다.

이 땅은 결코 평지(平地)가 아니다. 그렇게 보일 따름이다.

자세히 눈뜨고 보면, 이 땅 위에는 거짓, 탐욕, 오만, 허영 같은
날카로운 '돌부리'가 곳곳에 융기(隆起)해 있다.
문제는 그 돌부리가 눈에 잘 띄지 않는다는 것이다.
눈빛이 맑은 사람이 아니면 그 돌부리를 발견하지 못한다.

그래서 많은 사람들이 이 돌부리에 걸려 넘어진다.
그리고 그 충격으로 삶, 희망까지 균열(龜裂)이 온다.

혹, 사건, 사고를 보도하는 조간신문 사회 1,2면에 수록된
이름들이 몇 명쯤 될까 생각해 보았는가?
평균 약 45명이다. 기자의 취재로 보도된 45명의 흔적을 보라.
교통사고, 살인, 횡령, 의료사고, 폭행, 불륜, 약물중독, 자살들로
얼룩진 사람들이다. 그들 모두 돌부리에 걸려 넘어진 사람들이다.
그러니 돌부리에 걸려 넘어지지 않은 사람,
그는 이 땅을 잘 살펴 바르게 걸은 사람이다.
이는 평범(平凡) 아닌 비범(非凡)이다.
이런 사람, 지금 분명 기적을 살고 있는 것이다.

괴테의 「젊은 베르테르의 슬픔」(1774년),
베르테르가 1771년 5월 4일부터 그해 12월 20일까지
친구 빌헬름에게 보낸 편지 형식의 소설이다.

25세의 젊은 베르테르,
야망(野望)으로 채워진 치기(稚氣)어린 젊은이다.
그가 샤를 로테라는 여인을 사랑한다.
멀리서 그리워하고 아파하는 사랑이다.
그녀를 향한 '아픈 사랑'을 가슴에 담은 얼마의 시간,
베르테르는 '알 수 없는 변화'를 경험한다.
7월 16일자 편지이다.

"그녀는 내게 성스러운 존재라네.
 그녀 앞에서는 나의 모든 욕망이 침묵한다네"

놀라운 일이다.
베르테르는 샤를 로테를 볼 때마다 자신이 키워온 '욕망'이
'침묵'한다고 말한다. 그것은 그녀의 '성스러움' 때문이라 했다.
잠시 생각해 본다. 다른 사람의 '악'(惡)을 멈추게 하는 힘,
우리는 그것을 '무엇'이라고 불러야 하는가?
'기적'이라고 불러야 한다.
정확히 말해 '사람의 몸을 입은 기적'이라 말해야 한다.
그런 의미에서, 샤를 로테는 베르테르에게 '기적'이었다.
자기 눈으로 매일 보는 '땅 위의 기적'이었다.
그러니 물 위를 걷기 전에 땅부터 바르게 걸어야 한다.

하늘을 날기 전에 땅부터 옳게 걸어야 한다.
사실주의 러시아 작가 체호프는 말한다.

"사람은 평지에서 넘어지는
 유일한 동물이다"

착한 독설(毒舌)이다.
사람은 우습게도 '평지'에서도 넘어진다.
'외발'도 아닌 '두 발'을 갖고서도 잘 넘어진다.
누가 밀지 않아도 '스스로' 자주 넘어지는 존재이다.
왜 그런 걸까? 길가의 '엄마 풀'과 '아기 풀'과의 대화이다.

 아기 풀 : "엄마, 사람들은 왜 자꾸 넘어져?"
 엄마 풀 : "사람들은 우리처럼 '뿌리'가 없기 때문이야."

그렇다. 사람이 넘어지는 것은 '뿌리'가 없어서이다.
삶의 '밑동'을 '꽉' 붙잡아 줄 그 뿌리가 없어서,
튼튼한 두 발을 갖고서도 땅에서 넘어지는 것이다.

뿌리.

그럼, 삶의 '밑동'을 붙잡아 줄 '뿌리'는 무엇인가?
로마 철학자 에픽테토스가 답한다.

"삶의 뿌리,
 그것은 분명 '아나스타'이다"

아나스타, 라틴어로 '정직'(正直)을 의미한다.
세상의 '뿌리'는 '정직'이다.
정직, 그것은 세상을 '곧게' 서 있게 하는 근력(筋力)이다.
그렇기 때문에, 정직이 살아야 세상이 뽑히지 않는다.
세상이 흔들리는 것, 그것은 정직이 뿌리 채 뽑혔기 때문이다.
1세기 로마의 사상가 세네카 역시 '아나스타'를 언급했다.
공정했던 로마가 일부 권력자의
탈세, 수탈, 횡령, 재산은닉으로 얼룩지자,
"그놈들을 죽인 아나스타가 지금,
우리 로마까지 죽이고 있다"고 분개했다.
정직의 죽음, 그것은 폼페이를 덮었던 낙진(落塵)이다.
호흡을 앗아가고 기침, 구토를 자아내는 폭거이다.

한편, 정직의 맞은편에는 '거짓'이라는 강력한 악이 있다.
거짓은 '도끼'이다. 매우 폭력적인 '못된' 도끼이다.

신뢰, 희망, 감사 같은 선한 가치들이 이 '거짓'이라는
도끼에 의해 단숨에 잘라져 나간다. 아, 애곡(哀哭)이다.
그런데 언제부턴지 '거짓'이 '악의 목록'에서 '삭제'되었다.
거짓은 지금 수의(囚衣)를 입지 않고 있다.
누군가, 거짓이 입고 있었던 수의를 벗겨 주었다.
독일 신학자 폴 틸리히는 말한다.

"지난 어느 세대가 오늘날만큼,
 거짓에 대해 관용한 적이 있었던가?
 오늘날 거짓은 더 이상 우리에게
 '죄인' 취급을 받지 않는다.
 우리가 거짓에 너그러운 것,
 그것은 결과적으로
 거짓에게 언도한 무죄판결이다"

거짓이 입었던 수의를 벗겨 준 이는 '우리'였다.
이건 불법, 오류이다. 거짓에게 수의를 다시 입혀야 한다.
거짓은 매우 '치명적 위험의 인물'이다.
작가 도로시 세이어즈는 '거짓'을 이렇게 말한다.

"악에는 뜨거운 악이 있고 차가운 악이 있다.

뜨거운 악은 분노, 정욕, 질투, 탐욕이다.
차가운 악은 교만, 나태, 허영, 탐식이다.
그러나 거짓은 '미지근한' 악이다.
그래서 사람들은 거짓을 악이라고 생각하지 않는다"

거짓의 특성, 그 교활함을 정확히 판독(判讀)한 발언이다.
거짓의 이명(異名)은 교활(狡猾)이다.
교활(craft)을 차명(借名)으로 삼아 움직인다.
쉽게 노출, 발각되지 않는다. 그래서 거짓은 강하다.
결코, 가볍게 다룰 경미(輕微)한 악이 아니다.
얌전한 악은 더더욱 아니다.
거짓이 비록, 완력(腕力)을 사용하는 '거친 악'은 아니지만,
잔인한 품성을 '속'으로 은닉하고 있다.
거짓이 휘젓고 지나간 흔적(痕迹)을 보라.

오해, 갈등,
분열, 시기,
배반, 전쟁,

거짓, 세상을 흑암으로 인봉(印封)하는 불쾌한 악이다.
이 사실을 간파한 개혁자 위클리프는 말한다.

"거짓, 그것은
모든 죄의 옷을 만든다.
나도 지금 그 옷을 입고 있다"

1897년, 영국 작가 맥스 비어봄의 「행복한 위선자」,
이 작가의 작품 속의 사람 '조지 헬'이 생각난다.
이 작품의 핵심인물 조지 헬,
그는 '헬'(Hell, 지옥)이란 자신의 '이름처럼' 사는 자였다.
거짓, 사악, 방탕, 사기 등 '지옥의 행위'를 즐겼다.
그의 얼굴 또한 사람에게 혐오(嫌惡)였다.
그를 아는 사람들, 조지 헬을 조롱하면서도 두려워했다.
특히 귀족들에게 그의 이름은 '불쾌'(不快)였다.
아, 운명인가? 이런 조지 헬이 사랑에 빠진다.
그가 오페라 가수 제니 미어라는 여인을 사랑하게 된 것이다.
그러나 조지 헬은 두려웠다.
이미 자신의 용모, 악행을 충분히 알고 있을 제니 미어,
'지옥'인 자신이 그녀에게 다가선다는 것,
그것은 불가(不可)였다.
태어나 처음으로 '두렵다는 것'을 경험한 조지 헬,
결국 고민 끝에 제니 미어에게 어렵게 진심을 고백한다.
당연히 차가운 냉대, 보기 좋게 거절을 당한다.

절망한 조지 헬은 스스로를 저주한다.
태어나 처음으로 사람, 사랑 때문에 울어 본다.
그때, 희소식이 들려왔다.
밀랍 마스크로 '새 얼굴'을 만드는 사람이 있다는 소식,
이후, 조지 헬은 '성자의 얼굴'을 본 뜬 밀랍 마스크로
자신의 얼굴을 대체(代替)한다. 페이스 오프였다.
그리고 이름까지 조지 헤븐(Heaven, 천국)으로 개명한다.

이제, 이 도시에서 조지 헬은 사라졌다.
오직 조지 헤븐만 남게 되었다. 이제 이 도시에서 조지 '헤븐'이
조지 '헬'임을 아는 자는 마스크를 만든 사람과 옛 연인 갬보기뿐,
그들만 비밀을 지켜 주면 조지 헤븐으로 살아갈 수 있었다.
조지 헤븐이 된 이 남자는 제니 미어에게 청혼한다.
청혼을 받아들인 그녀와의 결혼 생활, 미칠 만큼 행복했다.
그러나 이 행복 속에서도 어둑어둑 다가오는 불안감,
자신이 '헬'이라는 사실이 드러날까 두려웠기 때문이다.
사랑하는 아내도, 행복도 모두 파괴되는 사태,
그것은 상상하기도 싫은 악몽(惡夢)이었다.

수많은 고통의 시간을 보낸 후, 조지 헤븐은 중대한 결심을 한다.
그것은 '얼굴'만이 아닌 '삶'도 '헤븐'으로 살아 보는 것이었다.

이후, 헤븐은 자신의 재물을 어려운 사람들에게 나누어 준다.
재물만 아닌, 그의 표정, 말도 따스한 온기로 채우며 산다.
스스로를 향한 속죄의식이었다. 모든 사람이 헤븐을 존경한다.
이러던 중, 조지 헬이 그토록 염려하던 일이 발생한다.
이들의 행복을 시기한 옛 연인 갬보기,
그녀가 제니 미어에게 헤븐의 비밀을 폭로해 버린 것이다.
그 후, 제니 미어의 삶도 빈혈(貧血)을 일으킨다.
의심, 분노가 그녀를 두드려 멍들게 한다.
드디어 운명의 날,
제니 미어는 헤븐에게 마스크를 벗어
자신을 직접 증명하라고 설득한다.
더 이상 선택의 여지가 없었던 헤븐은
속죄하는 마음으로 숨죽이며 밀랍 마스크를 벗는다.

"아, 이제는 끝났어.
 이 마스크를 벗는 순간,
 나의 행복도, 사랑도"

순간, 칠흑(漆黑)보다 더 깊은 정적이 흐른다.
모두가 그의 얼굴을 주목한다. 그런데 이게 웬일인가?
밀랍 마스크 속의 그의 얼굴은 '헬'이 아닌 '헤븐'이었다.

밀랍 마스크에 그려진 성자 얼굴, 바로 그것이었다.
조지 헤븐, 제니 미어, 그들 모두 기적을 목격한다.
조지 헬의 행복,
스스로 헤븐의 삶을 선택할 때 시작되었다.
즉, 그가 '얼굴'만의 '헤븐'이라는 거짓을 버리고,
삶에서도 '헤븐'이라는 정직으로 귀환(歸還)할 때
행복이 적중(的中)했다.
비록 시작은 '행복한 위선자'였지만,
후에 '위선 없는 행복자'로 거듭난다.
정직, 이토록 기적인 것이다.


이제, 러시아 문학으로 가본다.
1836년, 고골의 희곡 「감찰관」,
이 작품에는 모두 27명의 인물이 나온다.
그런데, 그들 모두 불행에 침수(沈水)당한다.
무엇 때문인가?


러시아의 추운 도시 페테르부르크가 갑자기 소란해졌다,
얼마 전, 이 도시에 감찰관이 잠행했다는 소식 때문이다.
이 소식에 도시 권력자 시장(市長)은 얼굴에 경련을 일으킨다.
이 도시 최악의 부패한 관료였던 시장,

만약 감찰관이 자신의 비리를 캔다면
곧 시베리아 유형(流刑)이었다.
시장은 급하게 마을의 또 다른 비리 권력자들을 소집시킨다.
그들은 경찰서장, 지주, 교육감, 우체국장, 변호사, 병원장이다.
모두 하얗게 질려 긴장된 얼굴이다.
이어, 그들만의 긴급비상대책회의가 열린다.

말 맞추기,
자료 폐기,
위조문서 작성,
거짓증인 세우기,

그들은 철저히 대비한다.
그런데 그때, 이들 중 한 사람이 "감찰관으로 보이는
남자가 길 건너 모퉁이 여관에 묵고 있는 것 같소"라고 말한다.
순간, 서늘한 긴장이 그들을 삼킨다.
그들이 감찰관으로 지목한 사람, 사실 감찰관이 아니었다.
그는 12급 관리 흘레스타코프였다.
이곳에서 도박하다 아버지의 돈을 다 잃고 빈손이 된 속물이었다.
여기를 떠나고 싶어도 방세가 체불되어 붙잡혀 있는 상태였다.
그러던 중, 이 도시 최고 권력자 시장이 그를 찾아온 것이다.

시장의 태도를 보고 자신을 감찰관으로 오인하고 있음을 파악한다.
그는 속으로 환호한다.
이제 자신의 발목을 잡았던 밀린 방세,
그리고 도박으로 탕진한 아버지의 돈.
이것들을 단번에 만회할 기회 아닌가?
그날부터 그는 감찰관으로 살아간다.

한편, 그를 감찰관으로 오해한 마을의 권력자들,
자신의 비리를 은폐하기 위해 가짜 감찰관에게
온갖 향응, 뇌물을 바친다. 그의 지갑은 갑자기 부유해 진다.
그러나 얼마 후, 상황은 반전된다. 진짜 감찰관이 도착한 것이다.
그는 치밀한 수순에 따라 소리 없이 권력자들의 비리를 추적한다.
모든 비리에 대한 정보를 수집한 감찰관,
붉은 직인이 찍힌 소환장을 부패한 권력자들에게 보낸다.
또 한편, 자신의 비리에 대해 안심하고 있었던 권력자들,
뜻밖의 소환장을 받고 경악한다.
급히 사실 확인에 나선다. 그러나 그가 진짜 감찰관이었다.
그들은 분노, 허탈, 그리고 극심한 두려움에 빠진다.
남의 편지를 몰래 뜯어 읽기 좋아하는 우체국장을 통해,
흘레스타코프가 가짜 감찰관인 사실을 뒤늦게 통보받으나,
그때는 이미 그가 두툼한 돈주머니를 어깨에 맨 채

도시를 떠나 버린 후였다.
이후, 그들은 엄정한 법의 심판을 받는다.

이 작품을 다 읽고 난 후면, 나는 늘 흉통(胸痛)으로 눕는다.
결과로만 본다면, 분명 흘레스타코프의 속임수로 인해,
더 '큰 악'의 실체인 도시 권력자들이 척결되었으니
아파할 이유가 없다.
그럼에도 불구하고 한 가지 질문이 끊임없이 나를 괴롭힌다.

"그날 이 후, 흘레스타코프는 어떤 삶을 살았을까?
 이제 도박 빚도 갚고, 잃어버린 아버지의 돈도 마련했으니
 거짓을 버리고 새 삶을 살았을까?"

글쎄? 아닐 것이란 생각이 든다. 왜 그렇게 예측하는가?
이유인즉, 사실 사람은 '넘어져 봐야' 보이는 것이 있다.
부서져 봐야, 깨져 봐야 비로소 깨닫는 것이 있다.
그리고 크게 한 번 '죽어 봐야' 눈을 뜨게 된다.
그러나 그에게는 이런 자기 붕괴, 자아가 무너지는 삶의 지진,
이런 것이 없었다. 오히려 자신의 거짓을 무기 삼아 위기를 벗어났다.
더구나 많은 돈까지 지갑에 넣게 되었다.
효과를 본 거짓이다. 결코 버리지 못한다.

아마 그는 여전히 과거의 방식,
곧 '거짓'으로 자신의 삶을 채워 갈 것이다.
단 한 번도 '정직'이 주는 희열, 감격을
맛보지 못한 채 말이다.
어쩌면 이것이 자신만 모르는 그의 '진짜 비극'인지 모른다.

삶 속에서는 비록 거짓으로 '승리'해도 여전히 '패자'이다.
또한 거짓으로 무언가를 '획득'해도 그것은 '상실'이다.
그리고 거짓으로 자신을 완벽히 '분칠'해도 한낱 '가짜'에
지나지 않는다. 그러니 거짓, 차갑게 버려야 한다.
거짓의 달콤한 '중력'(重力)에서 냉정히 역행해야 한다.
그래야 비로소 땅 위를 바르게 걸을 수 있다.
그래야 당신도 오늘,
베르테르에게 '기적'이었던 샤를 로테의 삶을 살 수 있다.

슬픈 사실 하나,
그것은 떠났던 흘레스타코프의 귀환 소식이다.
설마? 맞다. 이 남자, 다시 우리 곁에 돌아왔다.

쾌락,
부귀,

환호,

이것들을 자기 지갑에 넣기 위해 질주하는 사람들,
이를 위해서라면 거짓, 위선쯤은 전혀 문제가 되지 않는 사람들,
이들이 바로 다시 귀환(歸還)한 흘레스타코프들의 망령들이다.
그들의 무서운 생명력에 다시 한 번 전율(戰慄)한다.
그러나 그들, 흘레스타코프에게 이 말은 들려주고 싶다.

"이보시오,
 흘레스타코프,
 거짓은 다리가 짧아
 오래 걷지 못한다오.
 아시겠소?"

# 당나귀의 장례식, 우리를 늘 아프게 한다

1670년, 파스칼 사후(死後)에 출판된 「팡세」.
니체로부터 "유일한 논리적 그리스도인"이라는
격찬을 받은 블레즈 파스칼의 단상(斷想)이다.
총 924개로 구성된 「팡세」, 그중 네 개의 단편을 애독한다.


"하나님을 아는 것으로부터
 하나님을 사랑하게 되기까지는,
 얼마나 거리가 먼 것인가?"(단편 409)


"사람들, 사소한 일에는 민감하고,
 지극히 중대한 일에는 둔감하다"(단편 525)


"너희가 두려워하고 있다면,
 결코 두려워하지 마라.

너희가 두려워하지 않고 있다면
지금 두려워하라"(단편 645)

"두 종류의 사람이 있다.
자기를 죄인이라
생각하고 있는 의인,
자기를 의인이라고
생각하고 있는 죄인이다"(단편 469)

파스칼은 죽음에 대한 단상을 많이 남겼다.
그는 죽음을 생각하던 사색인이었다.
그러나 그 사색은 염세로의 퇴각(退却)이 아니었다.
허무로의 퇴행(退行)은 더욱 아니었다.
그의 단상은 '깨끗한 죽음'을 위한 것이었다.
그가 소망했던 것은 '맑은' 죽음이었다.
그것은 '탁'(濁)한 죽음에 대한 차가운 거부이기도 했다.

맑은 죽음,
탁한 죽음,

고대 그리스에 '당나귀의 장례식'이란 말이 있다.

당시의 운송수단은 말과 당나귀였다. 그러나 말이 더욱 선호됐다.
말은 전쟁 시에도 유용했기 때문이다.
그래서 말 한 마리 구입을 위해 당나귀 열 마리를 기꺼이 지불했다.
또한 말이 죽을 경우에는 그 말을 위해 장례, 애곡까지 했다.
그러나 당나귀가 죽으면 값싼 헝겊으로 말아서 산에 갖다 버렸다.
그것으로 끝이었다.
당나귀의 장례식, 그것은 애도가 생략된 장례식이었다.
이후, 당나귀의 장례식이라는 말은 자신의 권력을
사람을 살리는 힘이 아닌 '죽이는 폭력'으로 사용한 사람,
부(富)를 소유했지만 인색함 때문에 없는 자의 필요를 외면한 사람,
거짓으로 사람 사이를 이간시켜 불화(不和)를 촉발시킨 사람,
이들의 '천박성'을 비난하는 용어로 변주(變奏)되었다.

지금, 문학에서 그려진 '두 종류의 죽음'을 기억한다.
그 하나, 독일 작가 프란츠 카프카의 1926년 작(作)
「변신」에서 그려낸 청년 그레고르의 죽음이다.
문학 사상 가장 '슬픈 죽음'이다.

가족의 생계를 위해 직물 상점의 판매원으로 사는 그레고르,
5년 전 갑자기 파산한 아버지, 남겨진 빚, 가족의 생계까지
책임지게 된 청년, 그는 늘 납덩이리 같은 중압감에 눌려 산다.

어느 날 아침, 불안한 꿈에서 깨어났을 때
흉한 '벌레'로 변해 있는 자신을 발견한다.
갑옷처럼 굳은 등, 부푼 배, 수많은 다리,
아, 이게 뭔가? 이게 나란 말인가? 그는 경악, 경련한다.
방문 밖에서는 출근을 재촉하는 가족의 소리만 들린다.
한 시간도 못 되어 상점 지배인도 달려와 출근을 독촉한다.
그레고르는 고통을 호소하지만 사람의 목소리가 아닌
이미 '벌레의 소리'였다. 뒤늦게, 잠겨 있던 방문이 열리고
가족들은 한 마리 벌레를 발견한다.
놀란 가족들 모두 넋이 나간 채 주저앉는다.
처음엔 이 벌레를 '사람'으로 대하며 돌본다.
그러나 더 이상 돈을 벌어 올 수 없는 그레고르는
이런 현실을 깨달은 가족들로부터 곧 '벌레'로 격하(格下)된다.
이후, 가족은 이 벌레에게 가장 무서운 적이 된다.
흉측하다며 고함치며 사과를 던져 상처를 입히는 아버지,
음식을 줄 때마다 표독스런 말을 하는 어머니, 여동생.
특히, 자신의 여동생의 가시 돋친 말,

"저것을 치워 버려야 해요.
 저것 때문에 못 살겠어요"

자신의 희생으로 이제껏 '먹고' 산 가족들로부터
'저것'이라는 말을 듣는 그레고르,
더 이상 살아 있을 이유가 없다.
그러던 어느 날 어둔 새벽 3시,
그레고르는 교회의 종소리를 들으며
가족들에 의해 유폐(幽閉)된 방에서 쓸쓸히 죽음을 맞는다.
그가 죽자, 가족들은 기쁨의 안도 후. 눈물로 하나님께 감사한다.
이후, 그들은 전차를 타고 가벼운 마음으로 여행을 떠난다.
아니, 어떻게 여행을 떠날 수 있는가?
그 이유는 새로운 희망을 발견했기 때문이다.
어떤 희망인가? 그것은 죽은 그레고르 대신
가족을 위해 '돈' 벌어 줄 또 하나의 존재,
곧 그들의 '딸'이 아름다운 여성으로 자랐기 때문이다.

처음 「변신」, 이 소설을 읽었을 때,
화폐의 횡포에 의해 너무도 쉽게 해체(解體)될 수 있는
가족의 나약성에 전율했고, 그리고 죽는 순간까지 가족들에게
흉측한 '벌레'로 기억되며 죽어야 했던 그레고르의 슬픈 표정이
잔상(殘像)으로 남아 한 번 더 전율했다.
불쌍한 이 젊은이의 죽음, 애도가 증발(蒸發)된 조용한 죽음,
그것은 가족들의 몰지각 속에 치러진 '당나귀의 장례식'이었다.

탁(濁)한 죽음, 깃털보다 '가벼운 죽음'이 되어 버렸다.

문학에서의 또 하나의 죽음,
영국 계관 시인 알프레드 테니슨의 연작시 "이녹 아든",
이 시는 내게 늘 성가(聖歌)이다. 이 작품 속 이녹의 죽음,
눈이 부시도록, 투명한 죽음이다.

작지만 아름다운 해안 마을, 이곳에 가난한 뱃사람의 고아 이녹,
그리고 부유한 미곡상의 아들 필립이 산다.
그들은 아름다운 애니를 사랑한다.
그러나 애니는 이녹을 사랑하여 결혼한다.
9년간의 행복한 결혼 생활, 둘 사이에는 세 아이가 태어난다.
그러나 그들에게 불행이 찾아온다.
어느 날 이녹이 돛대에서 떨어져 다리가 부러진다.
부러진 다리의 상처, 의외로 치명적이었다.
이후 이녹은 노동력을 상실한다.
이제 아무도 이녹을 일꾼으로 찾지 않는다.
갑자기 태풍처럼 밀려온 가난, 그리고 이 현실에 힘겨워하는 애니.
이 상황을 견딜 수 없었던 이녹은 애니의 반대에도 무릅쓰고
동양으로 떠나는 상선에 몸을 싣는다. 분명 멀고 위험한 항해이다.
그렇지만 이녹에겐 '큰 돈'을 벌 수 있는 유일한 길이었다.

떠나는 날, 이녹은 셋째의 머리카락을 조금 담아 넣는다.
그러나 그가 떠난 얼마 후 병약했던 셋째 아이는 세상을 떠난다.
셋째 아이의 죽음, 떠난 지 10년간 소식이 없는 이녹,
애니는 가난, 절망으로 날로 말라간다. 곁에서 이를 지켜보던
필립은 자신이 애니의 아이들을 돌보기로 결심한다.
이후 애니의 아이들을 학교에 보내며 그 가정에 희망을 준다.
얼마 후, 필립은 애니에게 정식으로 청혼을 한다.
그러나 아직 이녹의 생사를 알 수 없었던 애니는 필립의 청혼을
받아들이지 못한다. 애니는 일 년만 더 시간을 달라고 말한다.

어느덧 시간이 흘러 그 일 년의 '마지막 날'이 온다.
애니는 그날 밤 꿈에 천국에서 자신을 보고 웃는 이녹을 본다.
진정 이녹은 죽었구나 생각하며 죽음을 사실로 받아들인 애니,
그녀는 필립의 청혼을 받아들여 결혼한다.
애니와 그 가족은 행복하게 산다. 그러나 이를 어쩌랴,
이녹은 살아 있었다.
그럼 10년간 이녹은 어디서 무엇을 하고 있었던 것일까?
그랬다. 이녹은 '많은 돈'을 번 후 귀환 중,
큰 폭풍을 만나 난파된 배와 무인도에 갇혀 있었던 것이다.
그리고 10년 만에, 지나는 배의 도움으로 무인도에서 나와,
지금 애니가 있는 고향으로 온 것이다.

한편, 귀향을 했으나 아무도 이녹을 알아보지 못한다.
10년의 세월이 이녹의 모습을 바꿔 놓았기 때문이다.
돌아온 이녹은 애니에게 바로 가지 않고 잠시 술집에 머문다.
그리고 술집 노파로부터 자신이 떠난 후 애니가 겪어야 했던
고통을 듣는다. 아울러 필립과의 결혼 소식도 듣게 된다.
모든 것이 너무 충격이었던 이녹, 그날 밤 많은 생각을 한다.
다음 날, 이녹은 은밀히 필립과 애니가 사는 집으로 간다.
그리고 창문 사이로 그토록 그리던 아내, 아이들의 모습을 본다.
너무나 행복해 보였다.
미소를 짓는 이녹, 눈가에 눈물이 흘러내린다.
이녹은 돌아서며 나지막한 소리로 독백한다.

"그래, 지금 이들의 행복,
 내가 깨서는 결코 안 돼"

이녹은 다시 술집으로 돌아와 노파에게 자신이 이녹이라는
사실을 밝힌다. 놀라는 노파, 곧 이녹을 끌어안고 운다.
이미 허약해진 이녹은 잔잔한 미소를 지으며 조용히 숨을 거둔다.
10년 전 떠날 때 자신의 주머니에 넣었던 셋째 아이 머리카락을
지금도 여전히 사랑하는 애니에게 전해 달라는 말과 함께.
그때 창밖으로 어둔 비가 내린다.

얼마 후, 이녹에 대한 사실을 노파로부터 듣게 된 애니와 필립,
그리고 마을 사람들, 이녹의 고결한 죽음 앞에 눈물을 흘린다.
며칠 후, 이 마을에는 가장 성대한 장례식이 치러진다.
이녹의 죽음,

참 맑다.
참 높다.

자신의 살아 있음을 끝까지 감추며,
사랑하는 애니의 '지금 행복'을 보호하려 했던 이녹,
그의 죽음, '살아 있음'보다 더 '살아 있는 죽음'이었다.

구약성경 속,
두 종류의 서로 다른 죽음을 본다.

"여호람이 왕이 되었을 때
 그는 서른두 살이었다.
 그가 예루살렘에서 여덟 해 동안 다스리다가,
 그의 죽음을 슬프게
 여기는 사람도 없이 세상을 떠났다" (역대하 21:20)

"사무엘이 죽었다.
 온 이스라엘 백성이 모여,
 그의 죽음을 슬퍼하며 울고,
 그의 고향 라마에 그를 장사하였다" (사무엘상 25:1)

여호람의 죽음,
사무엘의 죽음,

그것은 각각 탁한 죽음, 맑은 죽음이었다.
이들의 상반된 두 죽음의 질,
그것은 살아 있었을 때 이미 결정되었다.
비석의 비문, 그것은 '죽은 후'에 새겨지지만
그 내용은 '살아 있을 때' 이미 기록된다.
그래서 살아 있을 때 모든 사람에게 '선'(善)이 되어야 한다.
자신과 그들에게 '맑음'으로 기억되어야 한다.
그러니 당신의 눈빛, 말, 표정이
누군가의 '흉터'가 되지 않도록 해야 한다.
당신이 지나간 '자리'가 그들에게 '눈물'이 되지 않게 해야 한다.
그리고 무엇보다 '다툼'을 만드는 사람이 될까 조심해야 한다.
비록 그가 천사의 말을 능숙히 구사한다 해도
그는 결코 '하늘에 속한 사람'이 아니다.

단테의 「신곡」, 지옥 편, 제 28곡을 보면,
베르트랑이라는 인물이 나오는데 그의 모습, 참혹했다.
그의 머리는 잘려 몸과 분리되어 있었고
한 손으로 자신의 '잘려진 머리'를 들고 오열, 절규하고 있었다.
그는 단테에게 말한다.

"나는 보른에 살던 책사(策士) 베르트낭이라오.
 나는 살아 있을 때 어느 젊은 왕에게 잘못된
 계략을 주어 그 가정을 반목, 갈등으로 돌아서게 했소.
 서로를 믿으며 살았던 자들을 내가 평생 다투며 살게 했소"

이것이 베르트낭, 그만의 일, 삶일까?
사실 우리가 즐기는 자연스런 일상이다.
깨끗하게 살아야 한다. 그래야 깨끗하게 죽을 수 있다.

생텍쥐페리의 「어린 왕자」를 펴 본다.
이 작품은 '어른들을 위한 동화'이다.
아이들이 읽어서는 작가의 의도를 이해하기 어렵다.
작가는 'B-612'라는 혹성에 사는 어린 왕자,
그럼, 어린 왕자가 본 '어른의 세계'는 어떠했을까?

어린 왕자는 자기 혹성에 날아온 씨앗 하나가
싹을 내자, 정성을 다해 돌본다.
그러나 꽃으로 성장한 이 꽃, 여간 까다로운 게 아니었다.
바람이 무서우니 바람막이를, 추우니 유리덮개를 요구하는
그 꽃에게 상처 받은 어린 왕자는 여행을 떠난다.
이후, 7개의 낯선 별을 방문한다.

첫 번째 별,
무엇이든지 자기 뜻대로만 하려는
권위적 임금을 만나 그 별을 떠난다.

두 번째 별,
자기를 칭찬해 주는 말만 듣기 좋아하는
허영심 많은 남자를 만나 그 별을 떠난다.

세 번째 별,
거기서는 술을 마셔서 부끄럽고,
그 부끄러움을 잊기 위해,
또 술을 마시는 남자를 만나 그 별을 떠난다.

네 번째 별,

이곳에서는 54년간 살면서 우주의 별들을 세는 장사꾼을 만난다.
그는 어린 왕자를 쳐다보지도 않은 채 숫자만 세고 있다.
별 숫자 5억 162만 2,731개, 어린 왕자가 그 숫자의 의미를 묻자,
그는 "이 숫자는 내가 앞으로 꼭 소유할 별들의 숫자야"라고
허세를 부린다. 당황한 어린 왕자는 급히 떠난다.

다섯 번째 별,
어린 왕자가 방문한 별들 중 가장 작은 별이다.
아무도 살지 않고 오직 하나의 가로등과 그것을 관리하는
사람만 산다. 사람도 없는 별에 가로등이라니?
그는 매일 가로등의 점등, 소등을 반복한다.
왜 그러냐고 묻자, 그는 명령 때문이라고 말한다.
기가 막힌 어린 왕자, 급히 발걸음을 돌린다.

여섯 번째 별,
여기서는 지리학자를 만나는데 그는 앉아서 이론만
이야기하는 사람이었다. 어린 왕자는 답답해서 그곳을 떠난다.

마지막 일곱 번째 별,
이곳은 지리학자가 추천하여 방문한 별이다.
그런데 이 별은 참 이상했다. 임금 111명, 허영꾼 3억 1,100명,

주정뱅이 750만 명, 사업가 90만 명, 지리학자 7,000명,
이들 포함 20억 인구가 사는 별이었다. 이곳은 '지구'였다.
물론, 어린 왕자는 지구에서도 절망한다.
이후, 여우가 어린 왕자의 유일한 친구가 된다.

생텍쥐페리는 「어린 왕자」를 통해,
맑은 삶, 깨끗한 죽음과 상관없이 사는 허영, 허세의
어른 그리고 이 시대를 은유(隱喩)로 강하게 질타한다.
시인 윤동주의 "쉽게 씌어진 시",

"인생은 살기 어렵다는데
　시(詩)가 이렇게
　쉽게 씌어지는 것은
　부끄러운 일이다"

어찌 시(詩)만 그러할까?
삶도 쉽게 씌어지면 분명 부끄러운 일이다.
지금도 여전히 쉽게 씌어지고 있는 우리의 삶,
아, 낮인데도 어둡다.

오늘 문득.

나의 죽음이 궁금해진다.
나의 장례식이 두려워진다.
장의사(葬儀社)조차도,
아까워하는 죽음을 맞고 싶은데,
혹 그날,
당나귀가 오는 건 아닌지.

제3부

# 상처를 흉터로 만들지 마라

# 거리 두기

신화(神話) 문학의 민족 그리스,
그들이 참 귀히 여기는 언어가 있다.

메소테스,

그리스어로 '균형(均衡), 알맞음'을 의미한다.
그리스인들은 '균형'을 '삶의 축(軸)'으로 보았다.
그 '축'이 한쪽으로 기우는 것을 매우 경계했다.
옳은 시각이다. 삶은 '균형'이 지켜져야 한다.
삶은 지나침이 억제된 '알맞음'이 존중되어야 한다.
이것이 무시되면 무너지고, 쏟아지고, 쓰러진다.

좌초, 전복,

붕괴, 실족,

이런 일들이 소리 없이 내습(來襲)한다.
불행의 첫 소절(小節)은 '균형의 붕괴'이다.
메소테스, 그건 분명 '삶의 구축(構築)'이다.

한편, 메소테스의 대척점에 '과도함'이 있다.
그곳은 균형, 알맞음이 상실된 황폐의 모습이다.

과욕, 과속,
과식, 과장,

이것들, 메소테스가 '무너진 터'에 자라는 '독초들'이다.
이것들이 독주(獨走)할 때 세상은 신열, 구토한다.
이것들과의 불화(discord), 곧 '거리 두기'가 필요하다.

거리 두기,

삶의 축을 위협하는 것들로부터의 분리,
그것이 바로 '거리 두기'이다.
'거리 두기'는 결코 세상과의 '고립'을 의미하지 않는다.

소중한 가치를 보호하기 위한 '격리'(隔離)이다.
삶의 품격이 훼손(毁損)당하지 않기 위한 '안전거리'이다.
그것은 삶의 축(築)을 유지하는 린치핀(linchpin)이다.
그대에게 '네 가지의 거리 두기'를 제안한다.

편 가르기,
엿보기,
비교하기,
열정의 죽음,

이 네 가지들,
생(生)에 짙은 혈흔(血痕)을 남길 만큼 강하고
날카로운 생채기들이다.
이 세상을 화약 냄새로 채우게 하는 전범(典範)들이다.
새벽이 와도 여전히 밤을 살게 하는 흉물(凶物)들이다.
모든 사람을 가해자로 만드는 교사범(敎唆犯)들이기도 하다.

첫째, '편 가르기'로부터의 '거리 두기'이다.
사람과 세상을 '이쪽과 저쪽'으로 쪼개는 행위,
분열, 갈등을 야기(惹起)시키는 저열(低劣)한 악행,
이것이 '편 가르기'이다.

이념, 학력,

실력, 외모,

혈통, 경제력,

이런 것들로 인해 세상은 '편 가르기'가 이루어진다.

그 결과, 세상은 균열되고 둘로 쪼개지고 나, 너로 구분된다.

세상을 잔인하게 양극(兩極) 시키는 몹쓸 악행이다.

이 '편 가르기'로 세상 안에 담, 벽, 울타리, 철조망이 설치된다.

윤리학자 라인홀드 니버는 말한다.

"세상 처음에 울타리는 없었다.

 하나님의 창조 속에 울타리는 없었다.

 그러나 인간이 하나님의 허락 없이 울타리를 창조했다"

일본어 가운데 '테텐치'(ててんち)라는 말이 있다.

우리의 '손등'을 가리키는 일본어이다.

이 말은 일제 강점기에 한국에 들어와 '데덴찌'로 정착된 말이다.

한자어로 수천지(手天地)라고도 말한다.

번갈아 뒤집어서 내 편, 네 편으로 '편 가르기' 할 때 사용한다.

손등이 하늘, 손바닥이 땅이다.

가볍게 보면, 손으로 하늘과 땅을 가리키는 놀이다.

그러나 여기에도 무서운 '편 가르기'가 존재한다.
데덴찌라고 외치는 순간, 이들은 '둘'로 쪼개진다.
이 순간만큼은 서로를 굴복시켜야 할 적(敵)으로 만난다.
편 가르기, 그것은 야박(野薄)한 악이다.

1960년대 미국 사회, 백인과 흑인의 '편 가르기'로 암울했다.
강자 백인들에 의한 일방적인 '편 가르기'였다.
흑인들은 이유도 모른 체 불이익, 차별을 당연한 듯 겪었다.
자신도 흑인이었던 마르틴 루터 킹은 이 현실을 받아들일 수 없었다.
그는 "나에게는 꿈이 있습니다"를 외치며 '자유의 행진'을 시도한다.
그것은 '편 가르기'에 대한 소박한 저항(抵抗)이었다.

어느 날 예수 그리스도,
그분, 유대인들이 기피, 혐오하는 땅 데가볼리를
한참 바라보신다. 오랜 침묵 후 제자들에게 명령하신다,

**"저 편으로 건너가자"** (마가복음 4:35)

순간 제자들은 한순간 경직된다.
아니, 어디로 가시자고 했지?
데가볼리? 우리가 잘못 들은 것은 아닌가?

아, 그런데 잘못 들은 것이 아니었다.
그분은 참으로 '데가볼리로 가자'고 하신다.

무슨 말인가?
이것은 예수 그리스도의 '편 가르기의 철폐 선언'이다.
그분께는 '저편'이 없다. 그 모두가 '이편'이다.
그래서 유대인들이 '저편'으로 경멸했던 그곳도
'이편'이라고 반론하시며 '저편으로 가자'고 말씀하신다.
편 가르기에 익숙한 우리에게 이 말씀, 바늘이다.

둘째, '엿보기'로부터의 '거리 두기'이다.
엿보기는 눈으로 짓는 악(惡)이다.
타인의 약점을 살피는 흉(凶)한 눈,
실눈을 뜨고 살피는 '관음증'(voyeurism)이다.

빚,
경제력,
이혼 경력,
전과 기록,

이런 것들이 그들의 주요 수집대상이다.

그러나 여기서 간단히 끝나지 않는다.
엿보기로 채집된 정보는 표본처럼 기억 속에 '단단히' 저장한 후,
필요할 때 꺼내어 타인을 찌르는 '매서운 창(槍)'이 된다.
사람마다 감추고 싶은 비밀 하나쯤 갖고 산다.
때로, 그 비밀이 드러날까 두려워 불면(不眠)을 산다.
그러니 그것을 잔인하게 파헤쳐서는 안 된다.
그것을 존중해 주어야 한다. 그것이 사람이다.
엿보기를 흉기로 삼는 사람, 그들은 타인의 고통에서
희락을 맛보는 한낱 초라한 사디스트(sadist)일 뿐이다.


이 '엿보기'라는 단어와 함께 기억나는 그림 하나,
일리야 레핀의 "지팡이로 아들을 죽인 이반 대제",
이 그림의 간략한 메모를 해 본다.


아무도 없는 궁전 안,
피로 물든 붉은 카페트 위의 두 부자(父子),
그들은 각각 이반 대제와 바실리.
피 흘린 채 쓰러져 숨을 거둔 아들,
그를 끌어안고 허공을 보며 절규하는 아버지,
그 옆에 던져져 있는 금속 지팡이,

참혹, 불안이 엄습하는 2.5m×2m의 큰 그림,
일리아 레핀은 이 작품에 무엇을 담은 것인가?
이 그림은 1582년 11월 16일,
궁전에서 발생한 비극을 채화(彩畫)했다.

러시아 차르 이반 4제,
그가 부왕 바실리 3세의 급서로 황제에 오를 때
나이 세 살이었다. 이후 모후 엘레나가 이반을 대신하여
14년을 섭정한다. 그리고 14년이 흘러 이반의 나이 17세,
이반은 비로소 친정을 시작한다.
어릴 때부터 성품이 잔악했던 이반 4세,
이듬해 로마노프 가문의 아나스타샤와 결혼한다.
그녀의 헌신적 내조는 이반 4세를 정서적으로 안정시켰다.
그러나 1560년에 황후 아나스타샤가 세상을 떠난다.
자신을 이해해 준 유일한 벗을 잃은 이반 4세,
큰 충격에 휘청거린다. 이후, 급격히 무너지는 이반 4세,
정치는 물론 삶의 의욕까지 내려놓는다.
이런 이반 4세에게 하나의 문서가 보고된다.
황후 아나스타샤 죽음에 대한 주치의의 보고서였다.
이 한 장의 종이, 휴면(休眠) 중인 광기를 깨운다.

"이반 대제여,
 황후 아나스타샤의
 사인(死因)은 독살입니다"

보고서를 읽던 이반 4세의 손이 경련한다.
곧, 아나스타샤의 이름을 부르며 바닥에 주저앉는다.
격노한 이반 4세, 황후를 독살한 범인 색출을 위해 광분한다.
권력 측근을 감시하기 위한 감찰, 공포정치가 시작된다.
약간의 의심도 곧 피의 숙청으로 이어졌다.
약 3,000명 이상이 희생됐다. 사람들의 공포는 극에 달한다.
모두가 이반 4세의 곁을 떠난다.
그러나 자신의 독살에 대한 두려움에 그 누구도 믿을 수
없었던 이반 4세, 그의 '엿보는' 감찰은 이후 8년간 계속된다.
이후, 사람들은 그를 '이반 그로즈니'라 불렀다.
그 뜻은 불행하게도 '잔인한 이반'이란 저주였다.


잠시 이반 4세의 광기가 잠시 가라앉는다.
그러나 며느리 엘레나와의 갈등에 광기가 재(再) 발화한다.
아들 바실리의 처소를 찾아간 이반 대제는 그곳에서
얇은 옷을 입고 있는 엘레나를 목격한다.
이반 4세는 천박한 엘레나의 모습에 격노한다.

당시 귀족은 어떤 경우에서든지 3겹의 옷을 입고 있어야 했다.
이반 4세는 엘레나를 향해 창녀라고 소리치며 의자를 던져 버린다.
이 충격으로 엘레나는 그 자리에서 쓰러지고 곧 유산하게 된다.
뒤늦게 아들 바실리는 이반 4세에게 항의한다.
이성을 잃은 이반 대제는 쇠 지팡이로 바실리의 머리를 내리치고,
아들은 그 자리에서 즉사한다.
잠시 후, 제정신이 든 이반 대제, 눈앞의 피의 참상을 보며
충격으로 쓰러지고 이후 3일 만에 사망한다. 그의 나이 54세였다.

한 국가의 권력, 부를 지배한 한 남자의 어이없는 파국,
이 남자를 참혹한 비극의 사람으로 쓰러뜨린 것은 무엇인가?
역시 그것도 의심에서 시작된 '엿보기'였다.
독살의 위험, 반란의 두려움 때문에 '엿보지' 않으면 불안해서
견딜 수 없었던, 그래서 황금 주단 처소에 누웠지만 37년간
단 하루도 편히 잠들지 못했던 그 사람, 바로 이반 4세였다.
엿보기가 만든 참혹한 비정(非情)이다.

셋째, '비교하기'로부터의 '거리 두기'이다.
'비교하기'란 우월감, 열등감이 다투는 경쟁구도를 말한다.
사실 '비교하기'는 편 가르기, 엿보기보다 더 치명적 위험이다.
그것은 타인이 아닌 자신부터 파괴(破壞)하기 때문이다.

비교하기는 양손에 '저울'(scale)을 든 삶이다.
한 쪽으로는 자신을, 다른 한 쪽으로는 타인을
끊임없이 저울질하며 스스로 불안해 한다.
이후, 그는 희(喜)보다는 비(悲)에 휩쓸린다.
식탁에 오르는 그릇의 종류는 크게 두 가지이다.
하나는 '대접'이요, 다른 하나는 '접시'이다.
대접은 위가 넓적하고 운두가 낮으며 뚜껑이 없는 그릇이다.
주로 국물 따위를 담는데 쓴다. 식탁 오른쪽에 둔다.
접시는 운두가 낮고 납작한 그릇이다.
주로 반찬, 과일, 떡을 담는데 쓴다. 식탁 왼쪽에 둔다.
그런데 우리는 이렇게 묻는다.

"대접, 접시 중,
 어느 것이 더 중요한가요?"

그렇다. 이건 우문(愚問)이다.
대접, 접시는 각각의 고유의 일이 있다.
그러니 당연 우위(優位)는 없다.
그럼에도 세상은 끊임없이

우열(優劣), 고저(高低),

미추(美醜), 광협(廣狹),

이런 서열(序列)을 고집스럽게 규정한다.
그리고 일류, 이류, 삼류라는 가격표까지 붙인다.
사회적 족쇄(足鎖)가 타의에 의해 채워지는 순간이다.
한편, 패자(敗者), 이류(二流), 아웃사이더로 규정된 그들은
스스로를 루저(loser)라고 자학, 조소한다.
그 자학은 열등감, 절망, 심지어 죽음과 제휴하기도 한다.
가을이 되면,
유독 좋아지는 시가 있다.
시인 장석주의 "대추 한 알"이다.

"저게 저절로
 붉어질 리는 없다
 저 안에 태풍 몇 개
 저 안에 천둥 몇 개
 저 안에 벼락 몇 개

 저게 혼자서
 둥글어질 리는 없다
 저 안에 무서리 내리는 몇 밤

저 안에 땡볕 두어 달
저 안에 초승달 몇 날"

손톱 크기만 한 작은 대추 한 알,
이것조차도 '저절로' 되는 것이 아니라,
'일 년'이라는 시간 속에서
끊임없이 태풍, 천둥, 벼락을 맞아 붉어지고,
무서리, 땡볕, 초승달을 겪어 둥글어 간다는
시인의 생각, 분명 예언적 통찰이다.

어찌 작은 대추만 그러할까? 삶도, 사람도 그러하다.
세상 작고, 큰 그 어느 것이든 '저절로' 되는 것은 없다.
여름의 태풍, 천둥, 벼락과 가을의 무서리, 땡볕, 초승달,
그리고 겨울의 삭풍(朔風)에 시달리며 자란다.
시달려서 '껍질'이 딱딱해져야 '속'이 달다.
그러니 혹, 세상이 그대에게 '비교하기'를 시도해도 위축되지 마라.
때로 '상처'를 받더라도 그것이 '짙은 흉터'로 남지 않게 하라.
그 괴로운 시간들, 향(香)을 만드는 숙성(熟成)의 시간이다.

마지막 넷째, '열정의 죽음'으로부터 '거리 두기'이다.
고대 로마인들은 '아케디아'를 경멸했다.

라틴어 아케디아(acedia)는 '관심'(kedos)이 '없는'(a-)이다.
도로시 세이어스는 저서 「기독교의 진리」에서
아케디아의 본질을 정확히 설명한다.

"아무것도 믿지 않고,
 아무것도 알려고 하지 않고,
 아무것도 즐기지 않고,
 아무것도 사랑하지 않고,
 그저 사는 것"

격려, 고마움, 깨달음, 위로 받음,
이 같은 삶의 신비, 환희 앞에서도 열정을 상실한 채
마냥 '그저 사는 것'이 '아케디아'이다.
그래서 그들의 언어에는 '감탄사'가 삭제되어 있다.
늘 삶 자체를 '건조'로 산다.

16만 킬로미터, 그대 이 숫자의 의미를 아는가?
이것은 사울이라 불렸던 사도 바울이,
자신을 사망에서 건지신 그리스도 예수를 위해
지치도록 달렸던 34년간의 '선교 주행거리'이다.
서기 68년, 그가 나이 66세로 로마의 오스티안 거리에서

자신이 사랑하던 하나님의 품으로 돌아갈 때까지,
지구 원주 4배에 가까운 거리를 폭풍질주하던 '열정의 숫자'이다.
항상 "내게 사는 것이 그리스도니"(빌립보서 1:21)라고 스스로를
격려하며 난관과 위기를 넉넉히 제압하던 바울,
그것은 34년간 예수 그리스도를 위해 써 내려간
스스로의 '열정'의 기록(記錄)이었다.

황금을 지불하고도, 권력을 쥐고도
'내 것'을 삼을 수 없는 것이 '삶의 품격'이다.
그것은 쉽게 취득(取得) 가능한 '위조 면허'가 아니다.

편 가르기,
엿보기,
비교하기,
열정의 죽음,

오직 이것들로부터,
자신을 냉정히 분리(分離)하는 '거리 두기'를 통해서만
얻을 수 있는 값진 진귀(珍貴)이다.

그러나 이 '거리 두기'는 어렵다.

그리스 문학 '헤라클레스의 12난제'만큼 난고(難苦)이다.
우리가 이런 것들이 주는 쾌감, 매력에
오래전부터 길들여져 살아왔기 때문이다.
그러니 '거리 두기'를 시작할 때
분명 안으로는 '불안'하고 밖으로는 '불편'할 것이다.
아마 진한 탄식도 뿜게 될 것이다.
또한 금(金)쪽 같은 '많은 시간'을 지불해야 할지도 모른다.
그러나 이 '소중한 것'을 얻기 위해 그 '불편'도 한번 붙잡아 보자.
혹 긴 시간이 걸린다면 그대의 시(時), 분(分), 초(秒)를
아낌없이 할애(割愛)도 해 보자.

재기(才氣)어린 스타일리스트 서은영,
자신의 저서 「서은영의 세상견문록」에서 말한다.

"소중한 것이
왜 소중한지 아십니까?
정말 소중한 것은
항상 '오랜 시간'에 걸쳐
만들어지기 때문입니다"

# '작은 것'에 대한 예의

선홍색 장미보다 풀꽃을 더 사랑한 시인,
화려(華麗)보다 소박(素朴)으로 설득하는 시인,
나태주 시인이다. 그의 작(作) "풀꽃"을 본다.

"자세히 보아야
 예쁘다
 오래 보아야
 사랑스럽다
 너도 그렇다"

어느 날, 시인은 오랫동안 담장 아래를 바라본다.
그늘 속에 무채색 작은 풀꽃의 흔들림이 보인다.
자극적인 향, 눈부신 채색이 없어 '꽃'이 아닌 '풀꽃'이라

하대(下待)받는 '작은 것'이다. 마음이 상(傷)한 시인은,
이 풀꽃도 '자세히 보면' 충분히 예쁘고
'오래 보면' 분명 사랑스럽다고 스치듯 설득한다.

그렇다. 이 시대는 '작고 하찮아 보이는 것'에 매우 냉혹하다.
작은 것은 중요하지 않은 것,
하찮게 보이는 것은 불필요한 것이라고 우긴다.
그래서 이런 것들을 자세히 보고, 오래 보려고 하지 않는다.
그 결과, 이 땅에서는 '작고 하찮아 보이는 것'이 머물 데가 없다.
그럼 정말 '작고 하찮아 보이는 것'이 '작고 하찮은 것'일까?

아델베르트 폰 샤미소의 「그림자를 판 사나이」,
1814년에 발표한 '철학 같은 소설'이다.

가난한 청년 슐레밀,
이름은 '신에게 사랑을 입은 자'란 뜻,
그러나 그의 현실은 이 이름을 철저히 배반한다.
가난, 모욕, 절망, 이것이 슐레밀의 '지금 이름'이다.
그는 '가난'이라는 이 이름을 지워 버리고 싶었다.
그러나 방법이 없었다.
어느 날, 추천장을 가지고 존의 파티에 간 슐레밀,

존은 그 도시 실력자였다. 일자리를 부탁할 유력자였다.
슐레밀은 그곳에서 '회색 옷을 입은 남자'를 만난다.
그에게 다가오는 회색 사나이, 놀라운 제안을 한다.

"당신의 그림자를
 내게 팔면,
 금화를 쏟는
 마법 주머니를 주겠소"

순간 슐레밀은 긴장한다.
천형(天刑)의 가난을 추방시켜줄 유일한 힘,
그 황금색 금화가 절박했던 그는 스스로를 설득한다.

"이 따위
 하찮은 그림자 하나,
 그것이 내게 없다 한들 별일 있겠어?"

그는 미련 없이 회색 사나이와 거래한다.
팔아 버린 검은 그림자, 그리고 붙잡은 그 황금 주머니,
꽤 괜찮은 거래였다. 그날 이후 청년의 삶에서
'가난'은 깨끗하게 흔적도 없이 지워진다.

이제 필요한 것, 갖고 싶은 것, 그 모두를 소유할 힘을 얻는다.
갈망하던 상류사회로 진입까지 한다.
사랑스런 여인 미나도 만난다.
그는 거울을 보며 독백한다.


"아, 행복하다.
 꿈만 같다"


그러나 이것이 달콤한 행복이 아닌 독한 저주일 줄이야.
사람들이 언제부터인가 '그림자 없는' 그를 주목한 것이다.
악마라는 소문까지 들린다. 그는 이제, 그림자 없는 자신을
은폐하기 위해 밤에만 움직여야 했다.
이 때문에 자신을 오해한 미나도 곁을 떠난다.
그는 혼란에 빠진다. 무엇인가 잘못되었음을 직감한다.
무엇이지?


"아, 그렇다.
 지금 나는 낮을 잃어버린 거야.
 아니, 낮을 빼앗긴 거야"


그는 뒤늦게 비로소 알았다.

그림자를 판 것, 그건 단지 '그림자만' 판 것이 아니라,

하루의 반(半)을,
시간의 반(半)을,
생(生)의 반(半)을,

팔아 버린 것이었다는 끔찍한 사실을.
청년 슐레밀, 자신의 어리석음에 절규한다.
그러나 이 거래는 취소될 수 없었다.
청년은 자신을 학대하며 극한 우울증에 시달린다.
그런데 얼마 후, 회색 사나이가 그를 다시 찾아온다.
그리고 더 놀라운 제안을 한다.

"이제 네 영혼을 팔면,
 내가 '더 대단한 것'을 주겠소"

그러나 이 잔혹한 비밀을 이미 알아버린 슐레밀,
그는 이 제안을 단호히 거절한다. 그리고 다음 날,
아무도 모르는 곳으로 홀로 먼 여행을 떠난다.
그곳에서 미나를 다시 만난다.
이후, 그는 조용히 자연 과학도로 살아간다.

비로소 그는 행복해 한다.

청년 슐레밀,
그가 뒤늦게 깨달은 것은 무엇인가?
그것이 무엇이기에 회색 사나이의 '더 대단한 것'을
주겠다는 매력적 제안을 단호히 거절할 수 있었던 것일까?

"중요하지 않은 것은 없다.
 다만, 그것을 중요하지 않다고
 여기는 사람이 있을 뿐이다"

바로 이것이었다.
자신의 소중한 것을 다 잃어버리고 난 후,
뒤늦게 붙잡은 소중한 진실, 그것은 우리 삶에서
결코 '필요 없는 것은 없다'는 지극히 평범한 진리였다.
삶에 대한 태도가 늘 가지런히 정돈된 사람,
그들은 사소(些少)한 것을 소중(所重)하게 받아들인다.

말년의 톨스토이,
사색을 방해하는 번잡한 도시를 떠나 숲 속으로 들어가
밭을 일구며 지낸다. 그가 아침에 채소밭에 도착한 후,

가장 먼저 하는 일, 그것은 '신발을 벗는 일'이었다.
신발을 신고 밭에 들어갈 경우 벌레가 밟혀 죽을까 해서였다.
그러나 맨발일 경우 혹, 발에 밟혀도 벌레는 죽지 않는다.
하찮은 것, 작은 것에 대한 섬세한 배려였다.

한편, '버킷 리스트'(bucket list)라는 말이 있다.
그것은 자신이 죽기 전, 꼭 하고 싶은 일을 기록한 목록이다.
유서와는 사뭇 다른 기록이다.
골수암으로 세상을 떠나기 3개월 전,
한 여류 시인이 비망록에 남긴 '버킷 리스트'이다.

1. 이제까지 서먹했던 K시인에게 선물하기
2. 랭보의 시(詩) 세 번 완독하기
3. 아까워서 서랍에 넣어 두었던 몽블랑 만년필로
   내 첫 시집을 발간해 준 잡지사 편집장께 감사편지 쓰기
4. 대학로에 가서 큰 아이와 "고도를 기다리며" 연극 보기
5. 둘째 아이 유산 위기 중에도 끝까지 내게 희망을 말해 준
   그때 담당의사께 잘 자란 둘째 아이 보여드리기

혹시 너무 시시해서 실망했는가?
더 '극적'이고 더 '대단한 것'도 많은데 겨우 이 정도냐는

생각이 들었는가? 그렇지 않다.
이 시인은 삶의 마지막에 선 후에야 정말 소중한 것이
이런 '작은 것'에 담겨 있음을 '눈뜸'한 것이다.

세상을 미(美)로 윤색하는 도료는 '작은 것'들이다.
사람들이 '하찮다'고 폄하하는 그 '작은 것'들이
사실 세상을 진(眞), 선(善), 의(義)로 진화시킨다.
어쩌면 세상을 '사람다움'에서 퇴색시킨 것,
그것은 사람들이 '큰 것'이라고 환호하는 것에 있는지 모른다.
스마트폰, 분명 21세기의 '큰 것', 곧 거인임이 틀림없다.
세상 사람들을 모두 '엄지족'으로 바꾸어 놨으니.
그러나 우리는 안다.
이 작은 기계가 우리의 시력만 압수한 것이 아니라,
문학, 사색, 침묵, 편지 이런 거룩한 '생(生)의 노동'까지
철저히 강제차압(強制差押)했음을 말이다.
그러니 '작은 것'에 '무례'해서는 안 된다. 상처 줘서도 안 된다.

약속,
예의,
고마움,
부끄러움,

이것들은 이 시대에 사람들에게 '하찮게' 취급되어
팔아 넘겨지는 '그림자' 목록들이다.
이미 오래전 우리 삶에서 방출되어 만나기 어려운 '품귀목록'이다.
아, 매우 아프다.
그런데 슬프게도 이 목록에 '고마움'이란 단어도 눈에 띈다.
'고마움'까지 팔아 버린 이 세대, 이건 비창(悲愴)이다.

풍요를 살면서도 결핍 속에서 메말라 가는 이 시대의 불행,
우리가 가볍게 폐기해 버린 '고마움의 결핍'이었다.
세상에 하찮고 작은 것은 없다.
다만, 그렇게 여기는 사람만 있을 뿐이다.

작은 못, 작은 머리핀, 작은 동전지갑,
작은 메모지 한 장, 작은 향수병 뚜껑,

이렇게 작고, 또 작다고 여겨지는 것들,
다 귀하고 다 소중하다.
책상 위의 작은 촛불, 그것도 밤에는 당당한 '빛'이라는
사실, 그것을 잊어서는 안 된다.
그러니 '작은 것'에게도 예의를 갖추어야 한다.
그렇다면 우리가 해야 할 '작은 것'에 대한 예의는 무엇인가?

무엇보다 그들에 대한 '우월감'을 내려놓아야 한다.
그것이 작은 자에 대한 '최소의 예의'이다.
우월감의 내려놓음 없이 '작은 자의 상처'는 치유되지 않는다.
그들과의 화해는 '우월감의 삭제'에서 시작된다.
우월감, 그것은 인격이 겨우 반숙(半熟)된 자가 저지르는
매우 서툰 힘이다. 곧잘 '녹이 슨 흉기'가 되기도 한다.

힘,
능력,
부요,

이 아름다운 권력, 사람을 살리라고 '하늘이 주신 권력'이다.
사람을 살리는 힘이 가장 '깨끗한 권력'이다.
그러나 우월감은 '천박한 주먹질'에 불과하다.
박빙(薄氷)이라 곧 깨진다. 오래가지 못한다.
조각가 로댕의 작품은 언제 보아도 감탄이다.
특히 186명이 절규하는 참혹을 담은 "지옥의 문",
그 비탄의 현장을 심각하게 바라보는 "생각하는 사람",
그 사실성에 전율한다. 또 하나 기억에 남는 작품이 있다.
그것은 "우골리노와 그의 아들들"이다.
참 따스한 제목이다. 그러나 아니다.

이 조각은 우월감, 폭력의 참혹(慘酷)을 말한다.
피와 저주로 얼룩진 우골리노 가문의 참사(慘史)이다.

서기 1288년 이탈리아 피사,
당시 피사의 모든 권력은 교황당 우골리노 백작이 장악하고 있었다.
얼마 후, 손자(孫子) 니노가 우골리노와 대적한다.
분노한 우골리노는 황제당 루지에리와 결탁하여,
니노를 제압한 후 피사에서 영구 추방한다.
또 다른 탐욕스런 협력자 루지에리,
그는 권력의 한 축을 상실한 우골리노를 습격한다.
이틀 후 우골리노는 기습 체포된다.
루지에리는 우골리노를 제거하기 위해 가짜 증거를 조작하여
그에게 이적행위 누명을 씌운다.
그리고 그 죄를 물어 우골리노 가문을 탑에 유폐시킨다.
이로써 우골리노는 실각(失脚)한다.

이후 1289년 3월, 피사와 피렌체 간에 전쟁이 발발한다.
지중해 무역의 주도권을 위한 경제 전쟁이었다.
강력한 군사력의 피렌체는 장군 귀도의 지휘 아래
3개월 만에 피사를 제압한다.
피렌체의 귀도는 피사에 대한 영원한 지배를 원했다.

그러기 위해선 우골리노를 계속 살려둘 수 없었다.
숙고 중, 귀도는 잔인한 결정을 내린다.

"우골리노가 감금된 탑문에
  못을 박고 음식을 끊어라"

드디어 탑문의 입구에 큰 못이 박힌다.
이 감옥의 열쇠는 아르노 강(江) 깊은 곳에 던져진다.
모든 출입은 금지되고 감옥에 음식물은 공급되지 않는다.
우골리노의 자식들이 먼저 굶주림으로 죽어 간다.
비탄에 바진 우골리노는 탑의 벽을 치며 오열한다.
그러나 그에게도 굶주림이 밀려온다.
이미 굶주림으로 시력을 잃어버린 우골리노도 감옥 바닥을
더듬거린다. 이어 죽은 자식들의 인육을 정신없이 먹는다.
그런 자신을 눈물로 한없이 저주하면서 말이다.
얼마 후, 우골리노도 굶주림으로 아사(餓死)한다.
이후, 사람들은 이 감옥을 '아사의 탑'이라고 부른다.

비운의 우골리노, 단테의 「신곡」, 지옥 편 제 9곡에도 나온다.
단테가 얼음 언덕을 지나던 중,
한 구석에서 무언가 몰입 중인 우골리노를 만난다.

단테는 가까이 다가가 그를 살피다가 그 자리에 주저앉고 만다.
우골리노가 루지에리 뒤에
바짝 붙어 그의 뒷머리를 무섭게 물어뜯고 있었기 때문이다.
그랬다. 우골리노의 분노는 죽어서도 여전히 기억 속에
각인되어 있었다. 그의 분노, 영원한 '현재'(現在)였다.
한편, 이 피사의 잔악(殘惡)은 어떻게 탄생되었는가?

우골리노, 니노,
루지에리, 귀도,

이들 이름을 보니 알 것 같다.
이들은 '폭력'을 '신앙'으로 섬기던 병든 야심가들이었다.
권력을 위하여 약하고 작은 자들에게 '피의 학살'을 자행했던
사람들이었다. 우월감에 중독되어 폭력을 선호했던 자들이었다.
결국, 그들은 자신들이 사용한 동일한 방법으로 몰락한다.
세상에서 가장 존경받는 힘은 약한 자를 '지켜 주는 힘'이다.
작은 사람을 위로, 격려하는 힘, 그것이 '바른 권력'이다.
사회학자 찰스 링마 교수는 말한다.

"현명한 사람의 힘이 강력한 것은,
 그들의 힘이 거대해서가 아니라,

### 그들의 힘이 바르게 사용되기 때문이다"

지금은 '바른 힘'이 희귀(稀貴)한 시대이다.
다만 '천박한 주먹질'이 권력으로 군림한다.
그 결과 작은 자, 약한 자들이 두려워 떨고 있다.
작은 자들, 그들도 상처 받지 않을 권리가 있다.
사랑받고, 충분히 존경받는 생(生)을 살 자격이 있다.
이제, 작은 자에게 자행했던 무례를 철거(撤去)하라.
그들을 함부로 대하는 오만도 회수(回收)하라.
하찮다고 멸시했던 차가운 눈초리도 폐기(廢棄)하라.

그리고 무엇보다도 "풀꽃"시인처럼,
그 작은 자, 작은 것들을 '자세히' 바라보고
'오래 보는' 눈을 지녀라.
그것이 '작은 것'을 이제껏 무시했음에 대한
반듯한 속죄요, 최고의 예의이다.

# 치치코프를 위한 애가(哀歌)

고대 이집트인들, 그들은 사람이 죽으면 3일 후,
죽은 자를 인도하는 신(神), 아누비스의 호위 속에
태양의 배를 타고 지하 세계에서 천국으로 이어지는
'두아트'라는 어둔 굴을 항해한다고 믿었다.
그리고 그 죽은 자는 마지막 심판을 받기 위하여
진리의 전당으로 가서 두 가지의 청문회를 받는다고 믿었다.

첫 번째 청문회,
진리의 신 '마트'에게 '42가지'의 질문을 받는 청문회이다.
두 번째 청문회,
지식의 신 '토트'에 의해 수행되는 '심장의 무게 달기'이다.

당시 고대 이집트인들은 태초의 신 '아툼'의 명에 따라

이생에서 '해서는 안 되는 일'을 42가지로 규정했다.
42가지의 금기(禁忌), 그것은 이집트인들에게 있어
히브리인들의 십계명과 동일한 권위였다.
그래서 사후 이집트인들은 먼저 '마트'에게
42가지의 금령(禁令)에 대한 준행 여부를 '질문' 받게 되는 것이다.

'마트'가 죽은 자에게 42가지 질문을 하나씩 질의한 후,
그 대답의 '진실성'을 확인하기 위해 그 곁에 서 있던 '토트'는
그들의 '심장'을 저울에 달아 무게를 쟀다.
그 저울의 오른쪽은 진실의 깃털인 '흰 타조 깃털'이 올려져 있고,
그 반대편 왼쪽에는 죽은 자의 '심장'이 올려져 있다.

죽은 자의 대답이 진실이면 저울은 좌우가 평형을 이루게 된다.
이런 자들은 토트에게 '진실의 목소리'라 칭함 받고
낙원으로 가게 된다. 그러나 거짓일 경우,
저울은 죽은 자의 심장이 올려져 있는 왼쪽으로 기운다.
그러면 그 곁에 있던 괴물 '아미타'가 거짓으로 판명된
오염된 심장의 불순물을 집어 삼켜 그 심장을 정화시킨다.
죽음과 심판에 대한 고대 이집트인들의 철학적 상상력,
그것은 과학으로 무장된 우리의 메마른 지성을 향한
유쾌한 반란이다.

그렇다면 고대 이집트인들이 진리의 전당에서 '마트'에게 받는
42가지의 질문은 어떤 것들인가? 10가지만 발췌해 본다.

- 나는 눈금을 속였다.
- 나는 밭갈이한 땅을 방치, 황폐하게 했다.
- 나는 이간질을 위해 동정을 엿보았다.
- 나는 타당한 이유 없이 분노했다.
- 나는 누군가를 두렵게 만들었다.
- 나는 정의, 진실의 말에 귀 기울이지 않았다.
- 나는 말을 더 부풀려 했다.
- 나는 흐르는 물을 더럽혔다.
- 나는 남의 아내와 함께 누웠다.
- 나는 다른 사람을 울게 만들었다.

순간, 묵언(默言)이다.
이것은 '사람 아닌 천사나 가능한 일'이라고 가볍게 항변(抗辯)해 본다.
그러나 이내 철회(撤回)했다.
그들의 42가지의 질문,
그것은 그들을 지배했던 '삶의 문법'이었다.
도덕가치가 본능가치를 지배하는 사회,
그것의 갈망(渴望)을 담은 신화적 반영(反映)이다.

그들이 옳았다. 그들은 이 질문을 마음에 품고 살았다.
죽은 후 진리의 전당에서 마트에게 질의 받기 전,
먼저 스스로에게 질의하며 살았다. 일종의 선행학습이었다.
그리고 그 효과는 매우 유익했다.

고대 기록을 보면, 기원전 10세기의 지중해 연안 세계에서,
범죄율이 가장 낮은 국가는 뜻밖에도 이스라엘이 아닌 이집트였다.
이는 지상의 삶을 무서우리만큼 '맑고 투명하게 살라'는
그들의 윤리관이 거둔 확실한 수확(收穫)이었다.
머리 아닌 가슴의 삶을 엄중히 요구했던 그들,
도덕적 타락을 부채(負債)로 안고 사는
현대인의 윤리 수치를 가볍게 능가한다.

한편, 세상에는 '머리'로 사는 자와 '가슴'으로 사는 자가 있다.
머리로 사는 자, 그들은 이익, 승리에 관한 한 탁월한
촉수를 지닌 사람들이다. 특히 거짓, 처세에 치밀하다.
그들의 신앙은 소유, 지배, 그리고 권위, 권력이다.
이들에게 삶의 문법쯤은 간단히 무시, 철폐된다.
가슴으로 사는 자들은 삶의 추(錘)를 신성한 가치에 얹는다.
존재하는 모든 것에 예의를 갖춘다.
또한 자신을 그늘에 두어 스스로를 감추기를 기뻐한다.

그들은 늘 고마워하고, 자신도 모두에게 고마운 사람이 된다.
1605년 셰익스피어, 5막의 희극 「리어 왕」,
비극의 중심에 선 '네 사람의 이야기'이다.

리어 왕,
고네릴,
리건,
코델리아,

잠깐, 이들의 삶을 '토트의 저울'에 달아본다.
리어 왕, 그에게는 고네릴, 리건, 코델리아라는 세 딸이 있다.
이미 늙고 약해진 리어 왕, 그는 세 딸들에게 국토를 분할, 상속하고,
여생을 수행원 백 명과 함께 한 달씩 돌아가면서
딸들의 집에서 머물기로 계획한다.
상속 전(前) 리어 왕은 세 딸들의 사랑을 시험한다.

"사랑스런 나의 딸들아,
 나를 향한 너희들의 사랑이 궁금하구나.
 그 사랑을 내게 보여 다오"

리어 왕은 세 딸의 애정 정도에 따라 자신의 국토를

분할하려 했던 것이다. 순간 아버지의 권좌, 부가 탐났던
고네릴과 리건은 리어 왕의 말에 야욕(野慾)의 눈빛을 빛낸다.
이 영악한 두 딸, 온갖 교언(巧言)으로 왕의 마음을 얻는다.
그러나 진실했던 코델리아, 아버지에 대한 깊은 사랑을
어찌 한낱 몇 개의 언어로 표현할 수 있으랴 하며
"저는 아무것도 드릴 말씀이 없습니다" 라는 대답으로
사랑의 말을 아낀다.
이에 분노한 리어 왕은 코델리아에게 선언한다.

"아무 말도 할 게 없으면,
 아무것도 얻지 못할 것이다"

결국 국토는 간악한 두 딸에게만 분할 상속된다.
이후 코델리아는 구혼자 프랑스 왕에게 보내진다.
사실상 외지로의 강제 추방이었다.

한편, 아버지의 국토를 물려받은 후 두 딸의 태도가 돌변한다.
냉대를 견디다 못한 리어 왕, 충신 켄트 백작, 어릿광대만 데리고
궁을 떠난다. 이후 폭풍우가 몰아치는 황야에서 비를 맞으며
사악한 두 딸을 저주한다. 충신 켄트는 왕을 위해 작은 오두막에
거처를 마련한다. 그곳에서 리어 왕은 분노로 미쳐간다.

또 한편, 추방 후 프랑스 왕비가 된 코델리아,
그녀는 뒤늦게 아버지의 비극을 듣는다. 남편을 설득한 후
군사를 모아 아버지를 구하기 위해 영국으로 진격하나,
그 전쟁에서 패하고 아버지와 함께 포로가 된다.
비록 감옥이지만 코델리아를 만난 리어 왕은 행복해 한다.
그러나 얼마 후,
잔혹한 두 언니들은 병사를 보내어 코델리아를 살해한다.
리어 왕은 죽은 딸을 끌어안고 통한의 절규를 한다.
이후, 광란 속에 두 딸을 저주하며 옥에서 숨을 거둔다.
얼마 후, 잔혹한 나머지 두 딸 고네릴, 리건은 불륜을 저질러 파탄하고,
고네릴의 남편 알바니 공작이 왕위에 오른다.
이로써 리어 왕의 핏줄 중 그 누구도 권력을 상속받지 못한다.

「리어 왕」.
이 작품에서 무엇을 보았는가? 아니, 무엇이 보이는가?
아버지에 대한 사랑조차도 철저히 정략적이었던 '머리의 사람'
두 딸 고네릴과 리건, 그녀들의 악취를 보았다.
그리고 두 딸의 능숙한 연기에 속은 리어 왕의 어리석음도 보았다.
진한 '진실'로 아버지를 사랑했던 '가슴의 사람' 코델리아도 보았다.

이 작품은 '머리로 사는 자'와 '가슴으로 사는 자'를 보여준다.

또한 나를 움직이는 것이 머리인가, 가슴인가를 묻는 청문회이다.
작금, 이 사회는 더 이상 교회를 향해
'위기'라는 단어를 사용하는 것에 주저하지 않는다.
이 사회가 언제부터 교회에 대하여 당당해진 것일까?
그 무엇이 그들을 이렇게 당당하게 만들었나? 답은 '하나'였다.
교회 역시, 그들처럼 '가슴'을 버리고 '머리'를 선택했기 때문이다.
이것은 교회가 '스스로' 자초(自招)한 일이다.
오늘날 교회는 세상을 향하여
더 이상 '코델리아가 되라'고 가르치지 않는다.
오히려 어떻게 해서라도 '아버지의 국토를 탈취하라'고 하는
고네릴, 리건의 '번영'의 삶을 가르친다.

섬김,
자기희생,
낮아짐,
절제, 배려,

이런 신성한 가치를 '삭제'한 채 말이다.
1955년 라브리 공동체를 설립한 프란시스 쉐퍼,
그의 말을 들어본다.

"그리스도인들이,
세상 앞에 진실을 보이지 못할 때,
세상 사람들은 그리스도인에게,
'기독교가 진리 맞습니까?'라고
질문할 권리를 갖게 된다"

그렇다. 그리스도인들에게 요구되는 고도(高度)의 도덕성,
그것은 교회 안에서만 사용 가능한 '성물'이 되어서는 안 된다.
교회 밖에서도 여전히 '가동'되어야 할 일상(日常)이어야 한다.
한편, 머리로 사는 삶이 위험한 것,
그것은 '거짓'이 '삶의 방식'으로 채택되기 때문이다.
러시아 문학, 니콜라이 고골의 「죽은 혼」,
작품 속 제 1부, 치치코프라는 인물을 면담한다.

지방도시 N,
어느 날 그곳에 사륜마차를 타고 수행원과 함께
치치코프라는 사람이 나타난다.
유난히 세련된 매너, 언변, 또한 거부(巨富)라는 소문으로 인해
치치코프는 N 도시에서 유력인사가 된다.
도시 고위층들도 치치코프와 친밀한 관계를 맺기 위해
경쟁적으로 그를 파티에 초대한다.

치치코프를 위한 애가(哀歌)　227

한편, 치치코프는 은밀히 죽은 농노에 대한 '문서'를 매입한다.
그는 왜 살아 있는 농노도 아닌 '죽은 농노 문서'를
비용을 들여가며 매입한 것일까? 그 감춰진 비밀을 본다.

19세기 러시아에서 농노는 일종의 부동산 같은 재산가치였다.
그래서 농노는 토지와 함께 '은행 담보물'의 조건을 갖게 되었다.
문제는 소유한 농노 숫자만큼 인두세가 붙었다는 점이다.
만약 지주들이 죽은 농노에 대한 사망신고를 미루게 되면,
국가에 세금을 내는 불이익을 맞게 된다.
그러나 당시 러시아의 행정체계는 후진성을 벗지 못하여,
죽은 농노에 대한 말소처리가 1년 이상 걸렸다.
이런 이유로 지주들도 죽은 농노를
행정처에 신고하기를 소홀히 했다.
치치코프가 이 맹점을 주목한 것이다.
즉, 이미 죽었으나 아직 살아 있는 신분처럼 있는
농노문서를 매입해, 이것을 담보물 삼아 은행으로부터
거액 대출을 받으려 했던 것이다.
즉, 교묘한 금융사기(金融詐欺)의 시도였다.
이미 몰락한 귀족 출신, 그리고
러시아 재무국, 건설위원회, 세관원을 거치면서
서류변조, 뇌물, 향응의 부정한 방법으로 축재(蓄財)해 온 인물 치치코프,

이런 그에게 금융사기는 결코 낯선 일이 아니었다.
그러나 그의 사기행각이 거의 성공할 무렵, 뜻밖에
노즈드료프라는 또 다른 사기꾼에 의해 그의 계획이 폭로된다.
이후, 치치코프는 모든 사람의 비방 속에 처절하게 몰락한다.

간교한 사기꾼 치치코프,
그는 자신의 숙련된 처세술을 무기 삼아 N 도시에서 범죄를
도모하다 끝내 무너진다. 몰락하는 마지막 순간까지 자신이
채택한 거짓과 위선의 생존법을 포기하지 않았던 치치코프,
이것이 '머리'로 사는 사람에게 주어지는 '생(生)의 결론'이다.
머리로 사는 사람, 때로 '작은 성공'을 거두기도 한다.
그리고 그 결과에 자기 스스로 '행복'하다고 믿는다.
그러나 그건 '행복해 보일 뿐'인 '환시(幻視)이다
비록 '거짓'이라는 '머리'의 삶을 통해 그들이 갈망하던
권력, 환호, 부요함을 지갑에 넣었다 해도
그들은 여전히 천민, 빈민에 지나지 않는다.

이제 도스토옙스키의 1886년 작(作) 「죄와 벌」을 만나 본다.
이 작품을 구축하는 세 인물,
라스콜리니코프, 소냐, 스비드리가일로프를 보며
'참 힘'의 조건을 생각해 본다.

라스콜리니코프,
허무주의에 병적으로 집착하는 젊은 지성인, 대학생이다.
그는 사람을 '평범한 사람'과 '특별한 사람'으로 나눈다.
그는 '특별한 사람'을 초인(超人)의 자격이 있다고 여긴다.
그리고 이 '초인'은 위대한 목적을 위해서라면
사람의 목숨도 빼앗을 권리가 있다고 생각한다.
그는 늘 이렇게 독백한다.

"목적만 좋은 것이라면
 개인의 악한 행위는 정당하다.
 나는 선택받은 초인이니까"

어느 날, 라스콜리니코프는 허름한 술집에서 한 남자를 만난다.
그는 퇴역(退役)관리 마르멜라도프였다.
라스콜리니코프는 그를 통해
가난한 가족을 먹여 살리기 위해
매춘부가 된 소냐 이야기를 듣는다.
아울러 그를 통해 이 사회의 음지(陰地) 이야기를 듣는다.
순간 그는 사회의 암적 존재를 제거하지 않으면
소냐 같은 비극은 결코 끝나지 않을 것이라고 분개한다.
결국 그 분노를 못 이긴 그는 전당포를 찾아가

고리대금업자 노파를 도끼로 잔인하게 살해한다.
이 과정에서 의도하지 않게 노파의 여동생 리사베타도 죽게 한다.
그러나 자신은 초인이니 사회악으로 존립하는 노파를
제거한 것은 또 다른 선한 사람 수천 명을 살리는
신(神)의 뜻, 공의라고 확신한다.

그러나 이런 확신과 달리 범죄현장에서 돌아온 후,
그는 알 수 없는 불안, 두려움에 휩싸여 흔들린다.
그는 확신과 회의 사이에서 길을 잃는다.
분명 자신은 신(神)이 기뻐하는 일을 한 것인데,
마음은 죄의식으로 심한 폭풍을 겪는다.

순간순간 양말, 바지 끝 술을 손에 꼭 붙들며 떨고,
또 훔친 물건을 장롱 깊은 곳에 숨겨 놓는다.
그러나 엄습한 불안이 그를 놓지 않는다.
이를 부정하려고 훔친 물건들을 돌 밑에 파묻기도 하고,
어머니 풀체리아가 보내준 돈 25루블을 퇴역관리
마르멜라도프의 장례비용으로 내놓기도 한다.
그러나 죄책감은 더욱 짙어만 간다.

이 갈등 중, 자신의 여동생 두냐를 집요하게 사랑하는

악인(惡人) 스비드리가일로프가 자살한다.
그는 라스콜리니코프를 노파의 살인범으로 확신하고,
이를 빌미로 두냐와의 결혼을 비열하게 요구하던 자였다.
두냐를 육체적으로 유린했던, 또한 삶 자체에서 양심을
저버린 스비드리가일로프가 그 죄책감으로 자살하자,

"아, 진정 저 악인에게도,
 양심이 있었단 말인가?"

라스콜리니코프의 확신은 심하게 흔들린다.
결국 자신은 초인도, 또한 초인이라도 죄의식에서
자유로울 수 없음을 알고 소냐에게 범행을 자백한다.
소냐는 그를 설득한다.

"당신의 죄로 더러워진
 이 대지에게 사죄의 절을 하세요.
 그리고 자신이 살인했다고 외치셔야 합니다.
 그럴 때 하나님은 새 생명을 주실 것입니다"

소냐의 간곡한 호소에 라스콜리니코프는 자수한다.
법정은 그에게 8년 형(刑)을 언도하고, 시베리아 송치를 명령한다.

비로소 자유를 얻은 청년,
소냐도 그를 따라 시베리아로 함께 간다.
그리고 그곳에게 그를 위해 기도하며 기다린다.

라스콜리니코프,
비뚤어진 '우월감'에 젖어 살인도 거리낌 없이 저질렀던 냉혈 청년,
그러나 그를 다시 살린 사람은 냉철한 논리의 판사 포르피리도,
힘의 논리 스비드리가일로프도 아니었다.
오직 '가슴'으로 사는 사람 소냐였다.
비록 소냐는 힘겹고 천한 삶을 사는 창부였지만
'증오'로 눈먼 라스콜리니코프를 새롭게 개안(開眼)시킨다.
이것이 '참 힘'이다.
큰 힘, 참 힘은 '머리'에서 나오지 않는다.
오직 삶을 이해한 '가슴'에서 나온다.
그러니 이제 '머리'가 아닌 '가슴'으로 한 번 살아보자.
지금부터는 손해 보기 싫다고 비명 지르지 말자.
너에게는 결코 질 수 없다고 주먹 쥐지 말자.
날 무시하지 말라고 눈 크게 뜨지 말자.
그냥 축복해 주자. 말없이 안아 주자. 그리고 기다려 주자.

구약성경의 다윗,

사울 왕과의 13년의 피 말리는 전쟁,
사울 왕과 그의 세 아들이 블레셋과의 길보아 전투에서
전사했을 때, 춤 대신 애가(哀歌)를 지어 그들을 7일간
애도했던 사람 다윗, 아, 다윗이여, 당신은 사울 왕가에게
당한 그동안의 고통이 억울하지 않았던가?
그러나 다윗의 진정(眞正)을 담은 이 애가,
이 '슬픈 노래'가 지금까지 사울 왕을 추종했던 베냐민 지파
사람들의 마음을 자신에게 돌아오게 하는 '참 힘'이 된다.

이제,
우리도 악보와 펜을 준비하자.
왜? 우리도 머리로만 살다 사라진
고네릴, 리건, 치치코프 이들을 위해
애가(哀歌)를 지어 불러 주기 위해서이다.

그때,
그날,
가슴의 사람 다윗처럼,

# 욕망은 늙지 않는다

작가 테네시 윌리엄스의 「욕망이라는 이름의 전차」.
이 희곡은 1930년대 경제공황기의 뉴올리언스 빈민가에서 벌어진
두 자매 블랑시, 스텔라, 그리고 스텔라의 남편 스탠리,
친구 밋치 네 사람 사이의 욕망과 배신을 연출한 수작이다.
제목 '욕망이라는 이름의 전차'는 당시 뉴올리언스에서 운행되던
두 열차의 이름 곧 '묘지라는 이름의 열차'와
'욕망이라는 이름의 열차'에서 착안했다.
이 작품으로 작가는 「양철지붕 위의 고양이」에 이어
두 번째 퓰리처상을 수상한다.

스텔라의 언니 블랑시,
오직 상류사회에 대한 환상,
육체의 향락을 탐닉하던 천박한 여자이다.

부호 남자를 만나 결혼에 이르나 그 남자는 동성애자였다.
이후, 남편의 자살과 뒤이은 농장의 몰락으로 방황한다.
고통을 잊기 위해 더 깊은 쾌락에 집착하는 블랑시,
그러나 더 깊은 늪에 빠진다.

동생 스텔라,
남편 스탠리로부터 비인격적 대우를 받지만
그의 육체적 매력 때문에 만족하며 산다.
평범하게 살지만, 불행하지는 않았다.
언니의 불행에 늘 우울해 한다.

끝없는 실패, 절망 속에 지쳐 버린 블랑시,
이 굴레를 벗어나기 위해 뉴올리언스의 '극락'이라는 곳에
살고 있는 동생 스텔라의 집을 찾아간다.
그때 블랑시가 스텔라의 집으로 가기 위해 탔던 열차,
그것이 '욕망이라는 이름의 열차'이다.
새로운 삶을 살고 싶었던 블랑시,
자신의 수치스러운 과거를 지우려는 듯,
우아하고 순결한 여자처럼 행동한다.
또한 동생 스텔라에게 함부로 하는 스탠리를 경멸한다.

이들의 불편한 동거, 결국 위기를 맞는다.
스탠리가 블랑시의 추악한 과거를 알게 된 것이다.
블랑시의 가증스런 허위(虛偽)에 분개하는 스탠리,
그러나 그 비밀을 잠시 담아 둔다.
얼마 후, 블랑시가 스탠리의 친구 밋치와 사귄다.
그리고 그에게 청혼 받고 행복해 한다.
그러나 뒤늦게 이 사실을 알게 된 스탠리는 분노하여
친구 밋치에게 블랑시의 추악한 과거를 폭로한다.
믿기지 않은 이 사실에 밋치는 크게 충격을 받는다.
고통 중 밋치는 블랑시와의 결혼 약속을 파기하고 떠난다.
블랑시는 다시 절망의 깊은 심연에 빠진다.
얼마 후, 스텔라가 출산을 위해 병원에 입원한 날,
스탠리는 술에 취해 들어와 블랑시를 강간한다.
이 사건은 블랑시를 치유 불가능의 광란으로 내몰고
이후 그녀는 가족에 의해 정신병원에 감치(監置)된다.
이런 사실을 전혀 모르는 스텔라,
미쳐 버린 언니를 보며 함께 절망한다.
탄식 속에 무대는 막이 내린다.


누구도 행복하지 못한 이 무대,
잠시 적막(寂寞)에 몸을 맡긴다.

그리고 나온 나의 첫 마디,

"아, 욕망,
 몹쓸 파괴자이다"

그렇다. 욕망은 몹쓸 추물(醜物)이다.
스탠리와 블랑시, 이 두 사람의 일탈된 욕망,
그것은 파괴자, 괴물이 되어

블랑시의 파멸,
스텔라의 절망,
스탠리의 몰락,
밋치의 상실감,

이런 '잔인한 흔적'을 남기고 떠났다.
'잠깐의 쾌락'을 제공한 후 깊고 추악한 '나락'으로
던져 버리고 멀리 떠나 버렸다.
순수(純粹)조차 불결(不潔)로 함몰시키는 욕망,
그 '욕망'이라는 이름의 열차,
블랑시처럼 결코 탑승할 것이 못된다.
4세기 사막교부의 말을 들어본다.

"욕망은 사막의 '전갈'이다.
소리 없이 왔다 가지만,
이미 맹독을 주입했다"(무명집 312a)


"욕망이 지나간 자리는
 하수구이다.
 온갖 썩은 것이 모여
 악취를 풍긴다"(신클레티케, s5)


그리스인들은 '욕망'을 '에피투미아'라고 한다.
그것은 '다만 육체의 일'이란 뜻이다.
'신성함'이 '고갈'된 짐승의 행위, 그것이 욕망이다.
또한, 욕망이 위험한 것은 그것이 지닌 '포식 본능' 때문이다.
욕망은 지칠 줄 모르는 '포식자'이다. 무엇이든지 집어삼킨다.
그래서 '욕망의 시선(視線)'은 항상 '두 곳'을 향한다.


황금,
정욕,


바로 이것이다.
먼저, '황금의 욕망'을 본다.

1943년 까뮈가 발표한 작품 「오해」,
보헤미아 내륙의 외진 곳,
이곳에 여인숙을 운영하는 어머니와 딸 마르타,
그녀들은 가난했다. 그러나 딸 마르타는 꿈이 있었다.

"나는 반드시,
 푸른 파도의 넘실대는 환희,
 정오 태양의 열기가
 발산하는 곳에서 살 거야"

그러나 현실은 그 꿈을 이루기엔 너무 버거웠다.
문제는 '돈'이었다. 마르타는 돈을 모아야 했다.
결국 그녀는 이를 위해 무서운 범죄를 계획한다.
그 계획이란, 투숙객에게 수면제를 먹여 죽인 후,
돈 지갑을 탈취하고 그 시체를 강물에 던지는 것이었다.
이런 딸의 범죄에 고통을 느끼는 어머니,
그러나 딸을 위해 어쩔 수 없이 범죄에 계속 가담한다.
자신도 모르는 사이에 공범이 된 것이다.
그러던 어느 날, 여인숙에 젊은 남자가 투숙한다.
돈이 많아 보였다. 마르타는 미소를 지으며 독백한다.

"이제 얼마 안 남았어.
 조금만 더 모으면 돼"

그날 저녁, 모녀는 젊은 투숙객에게 수면제를 먹인다.
얼마 후, 깊은 잠이 든 청년, 이를 확인한 모녀는
은밀히 그 청년을 이불에 싸서 강물에 던져 버린다.
그리고 시체를 처리한 뒤 돌아와 청년의 지갑 속
여권을 꺼낸다. 순간 그들은 경악한다.
이 청년은 20년 전 집을 떠나 소식이 끊겼던 아들,
곧 마르타의 오빠 쟝이었다. 어머니는 절규한다.
그리고 죄책을 견디지 못한 쟝의 어머니,
자신이 아들을 던진 그 강물로 몸을 던져 스스로 목숨을 버린다.
이를 본 딸 마르타, 그녀도 황금색 돈주머니를 저주하며,
어머니의 뒤를 따라 목숨을 끊는다.

황금은 그 강렬한 빛으로 우리를 실명(失明)시킨다.
칠흑(漆黑)의 어둠을 미간(眉間)에 내린다.
그래서 아들, 오빠조차 알아보지 못한다.
황금, 그것은 눈부시나 가짜이다.

이제 '정욕의 욕망'을 본다.

단테의 「신곡」, 지옥 편 제 5곡을 열어 본다.
단테는 길을 걷다가 두 연인 파울로와 프란체스카를 본다.
지금 그들은 이곳에서 강한 바람에 휩싸이는 고통을 받고 있다.
이들의 비극, 12세기 피렌체에 실재했던 사건이다.

당시 피렌체에는 말란테스타와 폴렌타 두 가문이 있었다.
말란테스타 가문에는 유력한 형제 조반니와 파울로가 있었다.
형 조반니는 사업수완은 뛰어났으나 매력적인 사람은 아니었다.
그는 성품이 거칠었고, 또 절름발이였다.
이에 비해 동생 파울로는 성품이 맑고 따스한 청년이었다.
말란테스타 가문이 폴렌타 가문의 프란체스카에게 청혼한다.
그것은 불구자 조반니를 결혼시키기 위해서였다.
드디어 상견례 날, 그러나 이 가문은 그 자리에 조반니 대신
파울로를 보낸다. 그것은 계산된 거짓이었다.
이를 알 리 없었던 프란체스카, 그녀는 이 청년이 마음에 들었다.

얼마 후, 두 가문의 혼사는 이루어지고 프란체스카는
결혼 첫 날을 맞는다. 그리고 다음 날 아침, 잠에서 깨어난
프란체스카는 심장이 멎는 전율을 한다.
침실에 누워 있는 사람은 파울로가 아닌 조반니였다.
순간, 프란체스카는 이 추악한 결혼의 실상을 알게 된다.

이후 프란체스카는 조반니에 대한 분노,
파울로를 향한 연정에 시달리며 말라간다.
두 사람의 결혼 생활은 당연히 평탄치 못했다.
남편 조반니는 가문의 일을 핑계로 늘 집을 비웠고,
프란체스카는 곁에서 자신을 위로하는 파울로를 의지하게 된다.
얼마 후 파울로도 그녀를 깊이 사랑하게 된다.
어느 날, 두 사람이 벤치에 앉아 "랜슬롯의 연서"를 함께 읽는다.
아더 왕의 아내 기네비어를 사랑했던 기사(騎士) 랜슬롯이
왕비 기네비어에게 보낸 연서였다. 이 부분을 함께 읽던 두 사람은
더 이상 자신들의 감정을 은폐하지 않고 격정적 입맞춤을 한다.
불행히도 이 사실이 간악한 조반니에게 알려진다.
잔악한 조반니는 기다렸다는 듯 두 사람의 불륜을 공개한다.
진실을 몰랐던 가족, 그들은 분노하며 두 연인의 유죄에 동의한다.
음흉한 미소 짓는 사악한 조반니는 가문의 명예를
명분으로 삼아 두 사람을 공개적으로 살해한다.

이 글을 읽을 때마다 치솟는 알 수 없는 분노, 왜일까?
사실, 모든 불행의 발단은 조반니 가문의 사기(詐欺) 결혼이었다.
진정 부부가 되어 사랑을 했어야 할 사람은
파울로와 프란체스카였다.
그러나 그들의 사랑은 조반니에 의해 불륜으로 매도된다.

더 큰 악(惡)인 조반니와 그의 가문에게는 어떠한 혐의도
주어지지 않는다. 오직 모든 비난은 두 연인에게 맹폭된다.
이러한 억울함에도 불구하고 단테의 시각에선 그래도
두 연인은 무죄가 될 수 없었다. 단테는 그 이유를
그들이 욕망에 굴복하여 '정욕'을 택한 사실에 두었다.
안타깝지만 분명 단테의 판단은 옳았다.
욕망, 그것은 생(生)을 전소(全燒)시키는 도화(導火)이다.
사막 수도사 요한 카시아누스,

"욕망, 그것은,
 어린아이들의 장난감"

욕망은 '장난감'이다. 어른이 되면 버려야 할 장난감이다.
더 '좋은 것'을 갖게 되면 다시 '손길'이 가지 않는 장난감이다.
그러니 오래 붙잡고 있을 것이 아니다.
속히 내려놓아야 한다.
그래야 3도 화상을 입지 않는다.
욕망이 내 '속'에서 마음대로 '널뛰지' 않게 하라.
파도가 널뛰면 숙련된 뱃사람도 '멀미'한다.
어지럽고, 먹은 음식을 다 토해 낼 만큼 고통스럽다.
욕망이 널뛰면 삶도 '멀미'한다. 삶 전부가 '구토'(嘔吐)한다.

자신뿐만 아니라 주위 모든 사람도 악취(惡臭)에 시달린다.

파우스트 박사.
그의 욕망은 하나였다.
신(神)만큼의 '지식'(知識)을 소유하는 것이다.
그러나 그는 너무 늙었다. 그에게 '늙음'은 저주였다.
그는 무엇보다 '시간'과 '젊음'이 필요했다.
그때 이것을 간파한 악마 메피스토펠레스가 접근한다.

"파우스트,
 그대의 영혼을 내게 팔라.
 시간, 젊음을 내가 줄 테니까"

절박했던 파우스트는 악마 메피스토펠레스와 거래한다.
그러나 그가 메피스토펠레스에게 영혼을 던져 주고 얻은 것,
그것은 고작 '30년 동안'의 '젊음' 그리고 '시간'이었다.
파우스트를 붕괴시킨 것은 무엇인가?
그것은 더 많은 '지식'을 향한 '병적 욕망'이었다.

샤 자안,
사랑하는 왕비를 위해 '타지마할' 사원을 건축한 인도 황제였다.

그런 그가 아들에게 쫓겨나 죽음을 맞이하게 된 것,
그것은 '색욕' 때문이었다.

한편, 욕망의 대척점,
그곳에는 '절제'라는 숭고한 가치가 있다.
절제란 '멈출 수 있는 힘'이다.
그래서 절제를 아는 사람에게선 '억지'와 '무리수'가
보이지 않는다. 욕망의 위해(危害)를 눈물로 호소해도,
사람들은 여전히 '욕망'을 '신앙'으로 선택한다.
욕망으로 파멸한 마르타, 파울로, 프란체스카를 보고서도
여전히 욕망과 다정히 제휴(提携)한다.
니체는 이들을 향해 「이 사람을 보라」에서 말한다.

"사람들은,
 자기 앞에 진리가
 떨어져 있어도
 그것을 줍지 않는다"

한편, 욕망은 '신앙'과 제휴(提携)하기도 한다.
세속 욕망은 '가짜 세례'를 받은 후, 지금 교회 안에서
비전, 꿈, 사명이라는 위장(僞裝)된 새 이름을 얻었다.

1830년, 프랑스 작가 스탕달의 「적과 흑」을 보면,
신성한 종교의 이름으로 이루어지는 욕망의 악취를
목격하게 되어 심한 우울을 앓게 된다.

나무꾼의 아들 줄리앙 소렐,
그는 아버지와 형의 학대로 암울한 어린 시기를 보낸다.
이후, 줄리앙은 성직자가 되기를 꿈꾼다.
귀족 아닌 평민이 가난에서 벗어나는 길,
나폴레옹 시절의 군정이라면 붉은 제복의 군인이겠지만,
왕정복고시대인 당시는 검은 옷의 성직자가 되는 것뿐이었다.
줄리앙은 우연한 기회에 레날 시장의 아들 가정교사가 된다.
레날 부인은 정숙한 여자였으나,
순수한 청년 줄리앙에게 마음을 준다.
귀족에 대한 반감, 열등감에 분개했던 줄리앙,
그러나 어느덧 순결한 레날 부인을 사랑하게 된다.
그러나 얼마 후, 두 사람의 사랑이 구설수에 오른다.
두려워진 줄리앙은 신학교에 입학한다. 불가피한 도피였다.
신학교에서 미래의 희망을 보고 싶었던 줄리앙,
그러나 이곳도 바깥세상과 전혀 다르지 않았다.
하나님의 공간인 여기도 위선, 거짓은 당연한 일상이었다.
그는 종교의 허위에 냉소한다. 그리고 독백한다.

"가장 선하다는 것도,
가장 위대하다는 것도,
모든 것이 위선이다.
아니면 적어도 사기이다"

이후, 줄리앙도 '위선'을 '삶의 노선'으로 택한다.
그리고 운 좋게 팔라르 교장의 추천으로 파리의
라 모르 후작 댁의 비서로 들어간다.
악한 일에 탁월해진 줄리앙은 후작의 딸 마틸드를 유혹한다.
그리고 마침내 그녀로부터 결혼 승낙을 받아낸다.
아, 이제 나도 '귀족'이 되는 거야. 그는 스스로 환호한다.
그러나 예기치 못한 불운이 그를 찾아온다.
그녀와의 결혼이 실현될 쯤 한 통의 편지가 후작 댁으로 발송된다.
그것은 레날 부인이 보낸 편지였다.
이 편지로 인해 그 결혼은 취소된다. 어떻게 된 일인가?

사실은 이랬다. 줄리앙과의 불륜에 괴로워하던 레날 부인,
그녀는 주교 신부에게 자신의 죄를 고해성사한다.
이 사실에 분개한 신부는 레날 부인에게 줄리앙의 죄악을
고발하는 편지를 써서 후작에게 보내라고 조언한다.
결국, 이 편지 한 통으로 인해 모든 것을 잃어버린 줄리앙,

그는 격노하여 교회에서 기도하는 레날 부인을 총으로 쏜다.
현장에서 체포된 줄리앙, 그는 법정에서 사형을 언도받는다.
사형 집행을 앞둔 어느 날, 레날 부인이 조용히 그를 면회한다.
그리고 레날 부인은 그에게 자신의 사랑을 확인시켜준다.
줄리앙은 태어나 처음으로 '행복'의 의미를 맛본다.
사형 집행 날, 줄리앙은 기쁘게 단두대에 오른다.
사형 집행인의 신호에 따라 칼날은 날카롭게 내려지고
줄리앙의 목은 힘없이 떨어져 단 아래로 구른다.
레날 부인은 달려가 그 목을 자신의 치마에 담는다.
초라한 줄리앙의 장례식, 레날 부인은 줄리앙의 장지로
가는 동안 차디찬 줄리앙의 머리를 무릎 위에 얹어 놓는다.
이제 줄리앙은 더 이상 외롭지 않았다.
참 사랑이 그의 곁에 있었기 때문이다.


작품 「적과 흑」,
종교가 세속과 손을 잡을 때, 신앙조차 욕망과 제휴할 때,
어떤 일들이 일어날 수 있는 지를 보여준 이 작품,
성직자들이 한 번쯤 필독했으면 한다.


지상최고의 향(香)인 백합꽃 향의 감춰진 비극을 아는가?
중세 영국 왕실, 그들은 정적(政敵)을 살해할 때,

밀폐된 방에 백합 10송이를 넣어 두었다.
놀랍게도 3일 후면 그 정적은 백합향에 질식되어 살해된다.
백합향, 아름다우나 독하기 때문이다.
고운 향(香)도 살인 도구일 수 있다.
종교도 그러하다. 지상 최고의 순도를 갖춘 종교도,
욕망, 세속의 내습을 받으면 출세를 위한 간이(艱易)로 전락한다.
그 순간 종교의 '향'은 '유독가스'로 전이된다.

줄리앙,
신학교,
신부,

그들이 이 사실을 증언해 준다.
지금 주위를 살펴본다.
아직도 '욕망'은 전혀 노쇠(老衰)하지 않은 채
여전히 우리 주위를 힘 있게 선회, 배회한다.
괴테는 말한다.

"욕망은,
 나이를 먹지 않는다.
 그래서 욕망은 결코 늙지 않는다"

# 나, 나를 보고 '기절'했다

첫 여성 화가 아르테미시아,
1610년 작(作) "수산나와 늙은 장로들"을 본다.

때는 유대인의 바벨론 포로기.
경건한 사람 요아킴에게는 정숙한 아내 수산나가 있었다.
많은 사람이 요아킴의 집을 찾아와 거룩한 친교를 했다.
이들 가운데 음흉한 두 장로가 있었다.
어느 날, 두 장로가 요아킴의 집을 방문한다.
그러나 요아킴이 없어 다시 돌아간다.
문을 나서는 순간, 그들은 수산나가 목욕하는 모습을 보게 된다.
그러나 어쩐 일인지 두 사람은 모른 체하며 문을 나선다.
한편, 목욕 향료가 없음을 안 수산나는 여종을 시켜
향료를 갖고 오라고 한다. 이제 그곳에는 아무도 없게 된다.

얼마 후 나갔던 두 장로들이 각각 요아킴의 집으로 돌아온다.
순간 서로를 보고 놀라며 어색한 표정을 짓는다.
두 장로의 목적은 수산나를 향한 음욕이었다.
수산나를 찾아간 두 장로는 그녀에게 동침을 요구한다.
파렴치한 두 장로의 요구에 수산나는 강하게 저항한다.
거절당한 두 장로, 수산나에게 사악한 협박을 한다.

"수산나, 우리의 요구를 거절하면,
 당신이 청년과 불륜을 저질렀다고
 온 마을에 소문을 낼 것이오."

그러나 끝내 거절하는 수산나, 그들에 의해 법정에
고발, 유죄판결을 받는다. 사형이었다.
남편 요아킴과 수산나는 고요히 기도한다.
한편, 이 소식을 사제(司祭) 다니엘이 듣게 된다.
다니엘은 이 사건에 의문을 품고 직접 개입한다.
먼저 고발자 두 장로를 법정으로 불러 차갑게 묻는다.

"당신들이 봤다는 불륜을
 저지른 젊은이의 이름을 대라"

뜻밖의 질문에 당황한 두 장로, 서로 다른 이름을 말한다.
이로써 그들의 거짓이 밝혀지고 두 장로는 참형을 받는다.

이 그림을 볼 때마다 마음이 참 혼란스럽다.
수산나의 행위, 그것에 극치의 경의를 표하다가도,
두 장로의 음흉함, 그것이 '목 안 가시'처럼 걸린다.
두 장로의 잔인한 음흉(陰凶) 때문이다.
사실 생(生)을 알수록 '음흉'이란 단어가 참 싫다.
그 이름을 부르는 것조차 내겐 '혐오'(嫌惡)이다.
왜 그런가? 음흉, 그것은 '얼굴을 감춘 악'이기 때문이다.
늘 '아닌 듯' 연출하는 그 표정, 소름 돋는다.

또한, 이 화폭 안에 음흉한 악의 얼굴로 그려진 유대교 장로,
그들을 생각해 본다. 신의 계명을 자신의 생명처럼 귀히 여기는
그들이 보인 추한 음흉함, 이것을 어떻게 해석해야 하나.
당혹이다. 그러나 당황하지 마라. 그것이 사람이다.
그것이 바로 '나'이다. 분칠을 지운 나의 '참 얼굴'이다.
처세, 위선으로 분칠했던 얼굴이
갑자기 쏟아진 폭우에 씻겨 드러난 민낯, 바로 그것이다.
결코 지나친 비약이 아니다.

17세기 르네상스시대,
사람들이 기어이 '하나님'이라는 무겁고 불편한 '외투'를
벗어버렸다. 그리고 이어 인간에 대한 찬사를 선언한다.

"인간은 충분히 신으로부터
독립할 자격이 있는 성인(成人)이다.
이 사실을 신(神)도 알고 있다.
다만 이 사실을 인간에게 비밀로
하고 있을 뿐이다"

그들은 인간에 대한 희망을 기대했고
그 희망을 스스로 타진(打診)했다.

인간?
희망?

그것이 맞는가? 아니다. 그들은 틀렸다.
제 1,2차 세계대전의 참혹으로 그들의 희망은 '배반'당한다.
특히 제 2차 세계대전 중 독일이 자행한 홀로코스트,
그것은 인간이 인간에게 왜 희망일 수 없는지를
극명하게 보여준 사건이다.

독일 히틀러 정권은 1933년 뉘른베르크
법안을 발효한다.

"오늘 이후,
 이상적인 독일 건립에 방해되는
 모든 해악 요소는 국가가 강제적으로
 제거할 수 있는 권한을 갖는다"

이 법의 문제는 제거 대상인 '해악 요소'에 정신질환자,
유전병, 난쟁이같이 오히려 국가의 보호가 필요한
약자가 포함되었다는 사실이다. 이후, 독일 정권은 12년간
이들에게 반인륜적 악행을 저지른다.
정신질환자 여성의 강제 낙태, 지능 낮은 여성에 대한 불임수술,
유전병 환자의 결혼 금지 등 각종 악행들이 그 시대에는 합법이었다.
먼 과거의 일이 아닌 지금으로부터 80년 전의 일이다.
또한, 이 해악요소에 유대인도 포함됐다. 왜 유대인인가?
히틀러 정권은 집요하게 유대인들에게 정치자금을 요구했다.
전쟁기금의 확보 때문이었다. 그러나 이들의 의도를 파악한
유대인들이 그 요구를 거절했다. 이에 히틀러 정권은 분노한다.
자국 영토에서 금융업으로 막대한 이익을 취하는 그들,
그럼에도 독일 사회를 위해 그 어떤 기여도 거부하는 유대인들,

독일인들 시각에서 볼 때 이것은 분명 해악요소였다.
결국 유대인들은 폴란드 국경의 6개 수용소에서 대량 학살된다.

이 참혹을 목격한 여성 철학자 한나 아렌트,
그녀는 「폭력의 세기」에서 말한다.

"나는 악의 얼굴이
 우리와 이렇게 닮았는지 몰랐다.
 악의 얼굴, 그것은 너무 평범했다.
 나는 유대인의 학살을 본 이후,
 더 이상 아름다움을 노래하는
 서정시를 쓸 수 없었다"

인간이 인간에게 '악'이 될 수 있다는 이 사실,
이런 잔악(殘惡)은 아르고스 늪지에 살던
머리가 '아홉'인 사악한 뱀 '히드라'(Hydra)만 하는 것이 아니다.
지금 당신도, 그리고 당신 곁 사람도 충분히 할 수 있다.
그래도 인간이 인간에게 희망일까? 그리 믿고 싶은가?
나치 독일만이 아니다. 9세기 초(初) 미국도 그러했다.

디 브라운의 「나를 운디드 니에 묻어 주오」,

1860년부터 30년간 백인들에 의해 사냥하듯 자행됐던
북미 인디언 '샤이엔족 학살사'이다.
이 책은 이런 말로 시작한다.

"백인은 헤아릴 수 없는
많은 약속을 우리에게 했다.
그러나 그들이 지킨 것은 단 하나,
우리 땅을 먹는다고 했고,
결국 우리 땅을 먹었다"

이후, 인류 역사에서 북미 인디언 2,500만 명이 사라졌다.
유대인과 인디언을 향한 대학살,
이것들은 신을 거절한 인간들이 만든 악(惡)의 역사이다.
언젠가, 어떤 사람을 싫어하세요?라는 질문을 받은 적이 있다.
정확히 기억은 못하지만 이렇게 말한 듯하다.

"싫어하는 사람이라기보다는
조심하는 사람은 있어요.
생각이 '병든' 사람입니다"

그렇다. '생각이 병든 사람'을 조심해야 한다.

이런 사람은 평생 자신을 보고 '기절'할 줄 모른다.
오직 세상을 향한 분노, 불평뿐이다.
혹시 자신의 내면을 본 적이 있는가?

허영,
무관심,
나태함,

이런 것들과 눈이 마주쳤는가? 그렇다면 차라리 행복이다.
자신이 기절해야 할 충분한 이유,
그 하나를 발견한 것이기 때문이다.
참 착한 발견이다.
한편, 기절이란 단어를 보며 앙드레 지드의 말이 떠오른다.

"지금 나는 세상의
 무관심으로 질식(窒息)한다"

세상이 이렇게 탁(濁)해진 것,
단지 대기(大氣) 중 산업오염의 함량이 늘어서일까?
아닐 것이다. 그 탁함, 무관심이 방출시킨 것 때문이었다.
무관심, 그것은 분명 '악마의 심장'이다.

그리고 악마가 되려는 자, 그들이 가져야 할 심장이다.

1818년, 메리 셸리의 소설 「프랑켄슈타인」,
이 작품은 결코 괴기(怪奇)소설이 아니다.
사람의 '무관심'이 만든 폐해를 고발한 '사람 이야기'이다.
제네바 물리학자 빅토르 프랑켄슈타인,
그는 야심차게 생명창조의 연구를 시작한다.
그것은 무생물에 '생명'을 부여하는 연구였다.
수없는 실패 이후, 죽은 자의 뼈로
240센티미터의 인형을 만들어 생명을 불어넣는데 성공한다.
그러나 이 기쁨도 오래가지 못한다.
창조주 프랑켄슈타인은 자신이 창조한 피조물의 모습을 보고
스스로 경악한다. 그것은 그가 기대했던 사랑스런
애완(愛玩)이 아니었다. 차라리 괴물(怪物)이었다.
창조주 프랑켄슈타인, 그는 흉측한 피조물을 보며 조소한다.
한편, 괴물은 창조주 프랑켄슈타인에게
자신이 사랑할 여자를 만들어 달라고 요청한다.
기가 막혀 냉소하는 프랑켄슈타인,
그는 괴물의 부탁을 냉정히 거절한 후 그를 떠나 버린다.
떠나는 프랑켄슈타인을 아버지라 부르며 붙잡는 피조물,
이런 그에게 폭언을 하며 매몰차게 뿌리치는 창조주,

피조물은 자신을 버린 창조주에게 복수하기로 결심한다.

이 괴물은 먼저, 사람들의 위협을 피해
본능적으로 허름한 축사로 몸을 숨긴다.
그리고 그곳에서 단란한 가족의 모습을 관찰하며
언어를 익히고 사유 능력까지 습득한다.
이제 복수 준비를 마친 이 피조물은 마을로 은밀히 잠입하여
프랑켄슈타인의 동생과 아내를 살해하고 북극으로 도망간다.
이 사실을 들은 프랑켄슈타인,
이 괴물을 '살인자'라 부르며 절규한다.
곧이어 그는 괴물을 죽이기 위해 북극으로 간다.
그러나 오히려 프랑켄슈타인은 탐험대 배 안에서
비참한 죽음을 맞는다.
창조주의 죽음을 확인한 괴물은 스스로 몸을 불태우겠다는
말을 탐험대원들에게 남기고 멀리 사라진다.
이후, 이 괴물을 보았다는 사람은 아무도 없었다.

창조주와 피조물 사이의 불편한 증오, 복수, 그리고 죽음.
왜 이렇게 되어야만 했는가? 그 시작은 무엇이었는가?
그렇다. 그 시작은 자신이 만든 피조물에 대한 창조주
프랑켄슈타인의 냉혹한 '무관심'이었다.

그는 이 괴물의 간절한 부탁에
단 한 번도 진심으로 귀 기울이지 않았다.
오히려 철저히 냉대, 무관심으로 대했다.
이것이 그를 '진짜 괴물'로 만들었다.
이 사실은 괴물이 창조주에게 한 말에서 나타난다.

"나는 선하게 태어났습니다.
 그러나 나는 괴물이 되었습니다.
 괴물로 태어난 것이 아니라,
 괴물로 만들어진 것입니다.
 이제 아시겠습니까?"

단테의 「신곡」 연옥 편 제 13곡,
단테는 베르길리우스의 안내로 길을 가다가,
눈이 철사로 꿰매어져 있는 무리를 만난다.
이유를 물으니 그들이 고통스럽게 말한다.

"이곳에 오기 전,
 우리 눈은 다른 사람들을
 질투하며 늘 엿보았지요.
 단 한 번도 다른 사람의 불행에는

### 귀 기울이지 않은 채 말이요"

누가복음 16장, 그곳에 권력의 '자색 옷'과
재력의 '고운 베옷'을 입고 사는 한 부자가 있다.
그는 매일 연회를 열어 자신의 능력, 우월을 과시한다.
그런 그가 사후에 간 곳은 어둡고 추운 음부(陰府)였다.
이유가 무엇인가? 그가 탈세, 가렴주구, 부정축재를 했나?
그건 아니다. 그럼 무엇인가?
그것은 가까운 곳, 자신의 대문 밖 그곳에서 한 그릇 밥,
국물을 신음하며 기다리던 거지 나사로가 아사할 때까지
아무것도 하지 않은 것이었다.
그는 아무것도 하지 않았다. 그것이 이유이다.

아무것도 하지 않는 것, 이것은 단순한 게으름이 아니다.
그것은 '무관심'으로 채워진 '악마의 심장'이다.
악마의 심장을 지닌 자는
마땅히 그에 어울리는 '음부'로 가야 한다.
이것이 신약성경이 말하는 '그 이유'이다.
타인의 불행을 보고도 아무 일 없는 듯 강하게 사는 우리,
그것은 악마의 심장을 지니고 사는 우리의 실상이기도 하다.
이래도 '하나님 없는 인간'이 인간에게 '희망'인가?

마르틴 루터가 묵상 중,
자신을 모습을 발견한다.
그리고 그날,
그는 가죽노트에 이렇게 썼다.

"오늘 나는,
 나를 보고
 너무 놀라 기절했다"

에필로그

## 꽃과 잡초

잡초가
꽃에게 말했다.

"얘, 너도
 가꾸지 않으니 잡초구나"

그렇다.
꽃도 가꾸지 않으면 잡초가 된다.

또한 이는 분명,

"그럼,
 잡초도 잘 가꾸면
 꽃이 될 수 있는 거지요?"

라는 질문,
그것에 대한 긍정(肯定)이기도 하다.

그런 까닭에,
꽃이 있고,
또 잡초가 따로 있다는 생각,
그것은 무지(無知)이다.

더 나아가,
나는 꽃이고
너는 잡초라는 병든 우월감,
그것은 오류(誤謬)이다.

그리고
나는 잡초니,
꽃과는 어울릴 수 없다는
못난 자괴감,
이것은 자학(自虐)이다.

세상은,
꽃과 잡초가 섞여 사는 터이다.

그러니 서로 마주보고 살아야 한다.
그건 선택이 아닌 불가피(不可避)이다.

그러나
슬픈 사실,
그것은 이 둘 사이의 지독한 불화(不和)이다.
이 간극(間隙),
참, 너무 넓고 멀다.

지금의 세상이
넘실거리는 풍요를 적재(積載)해 놓고도,
여전히 가난처럼 신음하는 것,
그것은 세상이 변함없이
꽃에게 갈채(喝采)를,
잡초에게는 야유(揶揄)를
보내기 때문이다.

그러나 이 간극,
우리가 무책임하게 설정해 놓은 것이다.
그리고 지금도
우리는 그것의 철거(撤去)를 여전히 거부하고 있다.

그래서
이 땅은 봄이 와도 체온이 증발된 대지,
수은주 임계점(臨界點)이 빙점(氷點) 아래 머무는
겨울을 사는 것이다.
이는 가혹(苛酷)이 깃든 비가(悲歌)이다.

우리가 꿈꾸는 삶,
곧 분노를 숙성시켜 '사나운 표정'이 지워지는 삶,
원망에 저항하여 서로가 '매질'을 포기하는 삶,
시기를 거절하여 모두가 공존 가능한 평균의 삶,

이런 삶의 봄빛이 살아 있는 그런 봄의 예감,
이런 아름다움, 아직은 이른가?
더 기다려야 하는가?
그렇다.
늘 그렇듯이 겨울은 마냥 얌전히 가지 않는다.

그러나
오래전 이미 모습 감춘 그 봄을 모아들이고 싶다.
눈 쌓인 초록 벤치 위로 그 봄을
다시 정중히 불러들이고 싶다.

이 행복한 상상,
이것은 숙연(肅然)이다.

그러나
이런 봄의 도래,
그냥 오지 않는다.
먼저 조건을 요구한다.
어떤?

꽃과 잡초,
서로가 서로를
존중, 격려할 때이다.

또한,
꽃에게는
스스로 낮아짐으로
잡초를 격려하고,

잡초는
알맞은 자존(自尊)으로
꽃을 존중하는,

그래서

꽃도 살고

잡초도 사는 그때,

겨울은 해체(解體)되고,

비로소 봄은 행복하게 복구된다.


그렇다.

봄의 귀환,

그것은 시간이 만드는 것이 아니고

사람이 만든다.


그러니 이제,

꽃과 잡초가 스스럼없이 만나야 한다.

그동안 쌓인 서로에 대한

서운함과 오해를 내려놓기 위해,


- 우린 영화 "베를린 천사의 시"에서,

   사람이 되고 싶었던 천사 다미엘이

   그의 소망대로 사람이 된 후,

   어느 날 오후 3시경,

   사람의 음료, 커피를 처음 마시고 황홀해 하듯 -

우리도 오후 3시에
커피가 기다리고 있는 카페의 테라스로 모여야 한다.
그리고 그곳에서 마늘빵에 곁들인
에스프레소 커피에 마음을 적셔야 한다.
천사 다미엘이 그랬듯 우리도
삶, 사랑, 그리고 사람을 이야기하기 위해서 말이다.

그리고 이처럼 어렵게 만든 오후 3시의 소중한 향연,
바로 그 모습을 흑백 사진에 실어
서로의 액자에 소중히 담아야 한다.
그리고 그 액자 아래,
이런 제목을 진한 커피색 활자로 음각(陰刻)해 보자.

"그날 오후 3시,
 이곳에
 커피를 마시는 천사들 오다"

이 상상, 그 자체만으로 이미 충분히 행복이다.
맞은 편 넓은 창이 있는 카페 테라스를 본다.
언젠가 그곳에서 자신의 '삶'을 커피 향처럼 볶아 음미할
그 사람, 또 그 천사를 기다리는 마음으로 말이다.

이제 끝으로,
「천사는 오후 3시에 커피를 마신다」를
아이 돌보듯 세심한 손길로 어루만져,
품격 있는 글과 책으로 세워 주신 토기장이 편집팀 모두에게
깊은 감사를 드린다.

아울러 이 글이
꽃과 잡초,
그들 모두가 기다리는
그 '봄'을 '단 하루'라도
빨리 오도록 '재촉'하는 '조용한 힘'이기를 바란다.

2014년 반(半)쯤 지난 봄날,
분재(盆栽)로 다시 태어난 이름 모를 봄꽃을 보며.

**천사는 오후 3시에 커피를 마신다**
ⓒ 김겹섭

| | |
|---|---|
| 1판 1쇄 | 2014년 5월 30일 |
| 1판 4쇄 | 2025년 9월 15일 |

| | |
|---|---|
| 지은이 | 김겹섭 |
| 발행인 | 조애신 |
| 편집 | 이소연 |
| 디자인 | 임은미 |
| 마케팅 | 전필영 |
| 경영지원 | 전두표 |

| | |
|---|---|
| 발행처 | 도서출판 토기장이 |
| 주소 | 서울시 마포구 동교로 71-1 2F |
| 출판등록 | 1998년 5월 29일 제1998-000070호 |
| 전화 | 02-3143-0400 |
| 팩스 | 0505-300-0646 |
| 이메일 | tletter77@naver.com |
| 인스타그램 | togijangi_books_ |

| | |
|---|---|
| ISBN | 978-89-7782-314-3 |

• 이 책은 저작권 법에 따라 보호를 받는 저작물이므로 무단 전재와 무단 복제를 금합니다.
• 이 책의 전부 또는 일부를 이용하려면 반드시 저자와 도서출판 토기장이의 동의를 받아야 합니다.

도서출판 토기장이는 생명 있는 책만 만듭니다.
"우리는 진흙이요 주는 토기장이시니 우리는 다 주의 손으로 지으신 것이니이다" (이사야 64:8)